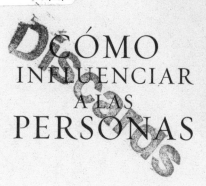

CÓMO
INFLUENCIAR
A LAS
PERSONAS

John C. Maxwell

Jim Dornan

CÓMO
INFLUENCIAR
A LAS
PERSONAS

HAGA UNA DIFERENCIA EN SU MUNDO

Grupo Nelson
Una división de Thomas Nelson Publishers
Desde 1798

NASHVILLE   DALLAS   MÉXICO DF.   RÍO DE JANEIRO

Editora en Jefe: *Graciela Lelli*
Traducción: *Javier Quiñónez Ortiz, Omayra Ortiz*
Adaptación del diseño al español: *Grupo Nivel Uno, Inc.*

ISBN: 978-1-60255-0-612

Edición revisada por Lidere

www.lidere.org

Impreso en Estados Unidos de América

13 14 15 16 17 RRD 9 8 7 6 5 4 3 2 1

*A todos aquellos que influyen en nosotros, sobre todo
a Eric Dornan cuya vida, experiencias, y actitud
contribuyen de manera muy significativa a la
habilidad que Jim y Nancy tienen para influir
positivamente en la gente.*

CONTENIDO

INTRODUCCIÓN

Cuando usted era niño, ¿qué deseaba ser al crecer? ¿Soñó con ser un famoso actor o cantante? ¿Quería llegar a ser el presidente de su país? Todos tenemos sueños y ambiciones. Sin duda, alcanzó algunas de las suyas. No obstante, sin importar cuánto éxito tenga ahora, todavía tiene metas y sueños por cumplir. Y nuestro deseo es ayudarlo a realizar esos sueños para que desarrolle su potencial.

Comencemos realizando un pequeño experimento. Observe la siguiente lista de personas. Veamos si puede averiguar lo que todos tienen en común.

John Grisham
George Gallup
Robert E. Lee
Nolamukong Suh
James Dobson

Brian Williams
Madonna
Alex Rodriguez
Jerry y Patty Beaumont
Rich Devos
Madre Teresa
Beth Meyers
Pablo Picasso
Adolfo Hitler
Tiger Woods
Anthony Bonacoursi
Alanis Morrisette
Glenn Leatherwood
Bill Clinton
John Wesley
Arnold Schwarzenegger

¿Ya sabe qué es? Algunas de esas personas son famosas, quizá reconozca sus nombres. Pero, indudablemente jamás escuchó otros.

La respuesta es que *cada uno de ellos es una persona de influencia*.

Todo el mundo tiene influencia

Creamos esta lista casi al azar, seleccionando personas conocidas así como algunas cercanas a nosotros. Usted podría hacer lo mismo con facilidad. Lo hicimos para ilustrar un punto: todo el mundo tiene influencia en otras personas. No importa quién o cuál es su trabajo. Un político, como el presidente de Estados Unidos, tiene tremenda influencia en cientos de millones de personas, no solo en este país sino alrededor del mundo. Y los artistas populares muchas veces influencian en toda una generación de personas en una o más culturas. Una maestra, como Glenn Leatherwood, que instruyó a John y a cientos de otros niños en la escuela dominical, impactó las vidas de sus estudiantes y también influyó indirectamente en todas las personas que esos niños llegaron a influir.

Sin embargo, uno no tiene que ser importante para ser una persona de influencia. Es más, si su vida se vincula de alguna manera con otras personas, usted tiene influencia. Todo lo que hace en el hogar, la iglesia, su trabajo, o en el campo de pelota afecta las vidas de otras personas.

Si desea tener éxito o afectar positivamente a nuestro mundo, necesita ser una persona influyente. Sin la influencia, no hay éxito. Por ejemplo, si es un vendedor que desea vender más productos, necesita poder influir en sus clientes. Si es gerente, su éxito depende de la habilidad para influir en sus empleados. Si es pastor, su habilidad de alcanzar personas y hacer que su iglesia crezca depende de su influencia en la congregación. Si desea criar una familia fuerte y saludable, tiene que influir en sus niños de manera positiva. No importa cuáles sean sus metas, usted las puede alcanzar más rápido, puede ser más efectivo y su contribución puede ser más duradera si aprende a convertirse en una persona de influencia.

Un relato divertido acerca del impacto de la influencia nos llega del gobierno del presidente Calvin Coolidge. Un huésped de la Casa Blanca desayunaba con Coolidge cierta mañana y deseaba causar una buena impresión en el presidente. Notó que Coolidge, a quien le sirvieron el café, agarró la taza, vertió parte de su contenido en un platillo hondo, y calmadamente le añadió un poco de crema y azúcar. Como no deseaba violar ninguna regla de etiqueta, el visitante siguió el ejemplo del comandante en jefe: derramó parte de su café en su platillo, y le añadió crema y azúcar. Luego esperó que el presidente hiciera su próxima movida. Se horrorizó cuando lo vio poner el platillo en el suelo para el gato. Nadie informó qué hizo el visitante después.

Su influencia no es igual con todas las personas

Quizás no haya pensado mucho en ello, pero tal vez sepa instintivamente a cuáles personas usted influencia mucho y a cuáles no. Por ejemplo, piense en cuatro o cinco personas con las que trabaja. Cuando les presenta una idea o una sugerencia, ¿responden todas de la misma manera? Por supuesto que no. Una podría pensar que todas sus ideas son inspiradas. Otra podría percibir todo lo que usted dice con escepticismo. Pero a esa misma persona escéptica le podría encantar cada idea presentada por su jefe o uno de sus colegas. Eso simplemente muestra que su influencia en ella podría no ser tan fuerte como la que tiene otra persona.

Una vez que empiece a prestarle más atención a las respuestas de las personas hacia usted y hacia los demás, verá que responden según su nivel de influencia. Y reconocerá, rápidamente, cuánta influencia ejerce con ciertas personas en su vida.

Etapas de la influencia y su impacto

Si ha leído el libro de John, *Los 5 niveles de liderazgo,* tal vez recuerde la descripción de los cinco niveles de liderazgo y cómo la influencia aumenta por etapas. Se ve algo así:

LOS 5 NIVELES DE LIDERAZGO

El liderazgo (que es un uso específico de la influencia) alcanza su nivel más bajo cuando solo se basa en la posición. Aumenta, y alcanza un nivel más alto, a medida que desarrolla relaciones con los demás. Es ahí cuando ellos le permiten dirigir más allá de los límites de su descripción laboral. A medida que usted y sus seguidores sean más productivos en su trabajo, su liderazgo avanzará al nivel 3. Y cuando empiece a desarrollar a las personas y ayudarlas a alcanzar su potencial, su liderazgo se moverá al nivel 4. Solo unos pocos alcanzan el nivel 5 ya que requiere que la persona se pase toda una vida desarrollando a otros hasta lo sumo de su potencial.[2]

La influencia opera de manera parecida. Crece por etapas. Consideremos cada nivel:

NIVEL 1: MODELO

Al principio las personas son influenciadas por lo que ven. Si tiene niños, entonces ha notado esto. No importa qué les diga a los niños que hagan, su inclinación natural es seguir lo que lo *ven hacer*. La mayoría de las personas verán la influencia de usted en sus vidas si lo perciben como alguien positivo y confiable. Y a medida que le conozcan mejor, si les agrada lo que ven, aumentará su credibilidad y el potencial de su influencia.

Cuando conoce a las personas, inicialmente carece de influencia sobre ellas. Si las conoce a través de alguien en quien confían y habla bien de usted, entonces usted puede «tomar prestada» temporalmente parte de la influencia de esa persona. Pero tan pronto como tengan la oportunidad de observarlo, las acciones suyas edificarán o destruirán esa influencia.

Una excepción interesante a este proceso, ser modelo, sucede en el caso de las celebridades. Debido a su obsesión con la televisión, las películas, y los medios, muchos son influenciados fuertemente por personas que jamás han conocido. Casi nunca lo son por el individuo mismo, sino por la imagen de esa persona, y es probable que esa imagen no sea precisa. Sin embargo, admiran a ese sujeto y son influenciados por las acciones y las actitudes que creen representadas en él.

NIVEL 2: MOTIVACIÓN

Si en verdad desea impactar significativamente las vidas de otras personas, tiene que hacerlo de cerca. Eso lo lleva al segundo nivel de influencia: la motivación.

Usted se convierte en un motivador de influencia cuando anima a las personas y se comunica con ellas a nivel emocional. El proceso hace dos cosas: (1) crea un puente entre usted y ellos, y (2) edifica su confianza y sentido de dignidad. Cuando los individuos se sienten a gusto con usted y consigo mismos durante los momentos en que lo acompañan, su nivel de influencia aumenta de modo significativo.

NIVEL 3: MENTOR

Cuando usted alcanza un nivel de motivación que influencia a otros, puede comenzar a ver un impacto positivo en sus vidas. Para aumentar ese impacto y hacerlo duradero, tiene que avanzar al próximo nivel de influencia: ser un mentor.

Ser mentor es derramar su vida en otras personas y ayudarlas a alcanzar su potencial. A medida que se entrega, ayudándoles a vencer obstáculos en sus vidas y mostrándoles cómo crecer personal y profesionalmente, les ayuda a alcanzar todo un nuevo nivel de vida. Usted, verdaderamente, puede marcar la diferencia en sus vidas.

NIVEL 4: MULTIPLICACIÓN

El nivel más alto de influencia que puede tener en las vidas ajenas es el de multiplicación. Como multiplicador de su influencia, usted ayuda a las personas a convertirse en influyentes positivos en las vidas de otros y legar no solo lo que recibieron de parte suya, sino también lo que aprendieron y cosecharon por cuenta propia. Pocas personas llegan al cuarto nivel de influencia, pero todos tienen el potencial para hacerlo. Requiere abnegación y compromiso. También toma tiempo. Para avanzar a otro nivel de influencia con las personas, hay que prestarles más atención individual.

SU INFLUENCIA ES POSITIVA O NEGATIVA

Ahora que reconoce su influencia en los demás, debe pensar cómo va a usarla. La leyenda del béisbol, Jackie Robinson, señaló: «Una vida no es significativa excepto por su impacto en otras vidas». El impacto de Robinson en las personas en Estados Unidos fue increíble. A mediados de los cuarenta, se convirtió en el primer atleta afroamericano en jugar en el Béisbol de Grandes Ligas a pesar del prejuicio, las burlas raciales, el abuso y las amenazas de muerte. Y lo hizo con carácter y dignidad.

Brad Herzog, autor de *The Sports 100* [Los 100 del deporte], identificó a Robinson como la persona de más influencia en la historia deportiva estadounidense:

> Primero, están los que cambiaron la manera en que se juga-ba... Luego están los hombres y mujeres cuya presencia y tra-yectoria alteraron fundamental y permanentemente el escenario deportivo... Y, por último, el puñado de figuras deportivas cuya influencia transcendió los campos de juego e impactó la cultura estadounidense... Robinson, más que nadie, era los tres tipos en uno.[3]

Martin Luther King, uno de los estadounidenses más influ-yentes del siglo veinte, reconoció el impacto positivo que hizo Jackie Robinson en su vida y la causa por la que luchó. King le dijo al pionero del béisbol, Don Newcombe: «Jamás sabrán lo que usted, Jackie y Roy [Campanella] hicieron para facilitar mi trabajo».

A medida que usted interactúa con su familia, sus compañe-ros de trabajo y el empleado de la tienda, reconozca que su vida toca a muchas otras. Ciertamente, su influencia en los familiares es mayor que en los extraños que conoce. Y de tener una ocupa-ción relevante, influye en personas desconocidas. Pero usted impacta aun en sus interacciones diarias con las personas. Puede hacer que los pocos momentos en los que interactúa con un dependiente de una tienda o un cajero en un banco sean una experiencia miserable, o puede hacer que sonrían y alegrar su día. La elección es suya.

LOS QUE INFLUENCIAN POSITIVAMENTE AÑADEN VALOR A OTRAS PERSONAS

A medida que escala los niveles de influencia superiores, pue-de comenzar a afectar positivamente a las personas y añadir valor a sus vidas. Eso aplica a cualquiera que influencie en forma positiva. La maestra que pone su fe, confianza y amor en una niñita, la ayuda a sentirse valiosa y bien consigo misma. El jefe que delega tareas a sus empleados y les da autoridad, así como responsabilidad, los fortalece para que lleguen a ser mejores trabajadores y personas. Los padres que saben cómo y cuándo otorgar gracia a sus hijos los ayudan a permanecer receptivos y comunicativos, aun durante los años de adolescencia. Todas estas personas añaden valor duradero a las vidas de otros.

No sabe usted qué clase de influencia tenga en otros en este momento. Sus acciones podrían tocar la vida de miles de personas, o podría influenciar a dos o tres compañeros de trabajo y familiares. Es muy importante que recuerde que su nivel de influencia no es estático. Aunque haya impactado negativamente a otros en el pasado, puede cambiar eso y hacer que su impacto sea positivo. Y si hasta ahora su nivel de influencia ha sido relativamente bajo, puede aumentarlo y convertirse en alguien influyente que ayuda a los demás.

¿QUIÉN ESTÁ EN LA LISTA DE INFLUENCIA?

Cada uno de nosotros puede sentarse y hacer una lista de las personas que han añadido valor a nuestra vida. Dijimos que la lista al principio de esta introducción contiene los nombres de algunas personas que nos han influenciado. Algunos de los nombres son grandes. Por ejemplo, John considera al evangelista del siglo dieciocho, John Wesley, como una influencia significativa en su vida y profesión. Wesley fue un líder dinámico, predicador y crítico social. Durante su vida, trastocó la iglesia cristiana en Inglaterra y Estados Unidos, y todavía hoy sus pensamientos y enseñanzas siguen influenciando el funcionamiento de las iglesias y las creencias de los cristianos.

Otras personas mencionadas en esa lista no son muy conocidas, pero eso no desmerece en manera alguna su nivel de influencia. Por ejemplo, Jerry y Patty Beaumont tuvieron un profundo impacto en la vida de Jim y su esposa, Nancy. He aquí su historia como la narró Jim:

Nancy y yo conocimos por primera vez a Jerry y a Patty cuando Nancy y Patty estaban embarazadas. Los Beaumont eran una pareja con clase, eran muy perspicaces e inteligentes. Nos sentimos atraídos a ellos de inmediato porque parecía que en realidad llevaban sus vidas de manera ordenada, y observamos que vivían sus fuertes convicciones espirituales con integridad y coherencia.

Nancy conoció a Patty un día mientras estaban en la sala de espera del ginecólogo. Se llevaron bien de inmediato y comenzaron a entablar una relación. No teníamos idea alguna de cuán importante sería su amistad para nosotros unos cuantos meses después al alterarse nuestras vidas.

Ahora Nancy y yo recordamos esos días como un buen tiempo. Nuestra hija, Heather, tenía cinco años, y realmente la disfrutábamos. Apenas empezábamos a levantar nuestro negocio. Requería mucho tiempo y energía para iniciarlo, pero era divertido. Comenzábamos a ver que todo nuestro esfuerzo tendría resultados en el futuro.

Cuando Nancy me dijo que estaba embarazada, me alegré muchísimo. Implicaba que nuestra pequeña familia crecía, y esperábamos que nuestra segunda criatura fuera un niño.

Después de nueve meses de embarazo sin contratiempos, Nancy dio a luz a nuestro primer hijo varón, Eric. Al principio todo parecía normal. Pero pocas horas después, los médicos descubrieron que había nacido con algunos problemas físicos muy serios. Su espalda estaba abierta y su médula espinal no se había formado apropiadamente. Nos dijeron que tenía una condición llamada espina bífida. Para empeorar las cosas, su líquido cefalorraquídeo se infectó durante el nacimiento, así que sufría una meningitis severa en todo su sistema.

Toda nuestra vida pareció lanzada al caos. Después de las dolorosas horas de parto de Nancy, estábamos agotados y confundidos. Nos dijeron que Eric necesitaba cirugía cerebral, y teníamos que tomar la decisión en ese momento. Sin ella, no tenía oportunidad alguna. Lloramos mientras se preparaban para llevarse a nuestro pequeñín para una operación cerebral de emergencia. Lo único que podíamos hacer era orar para que saliera bien.

Esperamos durante horas, y los médicos al fin salieron y nos dijeron que Eric viviría. Nos estremecimos al verlo después de la cirugía. Nos preguntamos cómo alguien tan pequeño podía tener tantos alambres pegados. La incisión en su espalda estaba cerrada, pero podíamos ver que le habían insertado quirúrgicamente un tubo derivado en su cerebro para drenar el exceso de líquido cefalorraquídeo y disminuir la presión.

El primer año de la vida de Eric fue algo confuso para nosotros ya que tenía que entrar repetidamente al Hospital Infantil. En los primeros nueve meses, se sometió a once cirugías adicionales.

Mientras tratábamos de sobrevivir los viajes a medianoche hasta el hospital y mantenernos con fuerzas a pesar del dolor y el temor que sentíamos por Eric, ¿quién cree que venía con nosotros y nos ayudaba cada día? Jerry y Patty Beaumont. Fueron al hospital ese primer día de vida de Eric, y nos consolaron y animaron mientras estaba en la sala de operaciones. Nos trajeron comida y se sentaron conmigo y con Nancy en la sala de espera del hospital. Y mientras tanto, compartían con nosotros su fe increíble.

Lo más importante fue que nos ayudaron a creer que Dios tenía un plan especial para Eric y nosotros. «Sabes», le dijo Patty a Nancy un día, «tú y Jim pueden convertir los problemas de Eric en el centro de todo lo que hagan, o pueden usarlos como pista de despegue para una nueva manera de ver la vida».

Fue entonces que dimos un giro a nuestras vidas. Comenzamos a mirar más allá de las circunstancias y vimos que había un panorama mayor. Nos percatamos de que Dios tenía un plan para nosotros y para Eric, y nuestra fe nos dio paz y fortaleza. Los Beaumont nos ayudaron a considerar y responder a algunas de las preguntas más importantes de la vida. Desde ese día en adelante, todas nuestras actitudes cambiaron y tuvimos gran esperanza.

Ya Eric creció y se mueve bastante bien en su silla de ruedas eléctrica, a pesar de que sufrió un ataque durante una de sus cirugías. Es una constante fuente de gozo, inspiración, y humor para la familia Dornan. Y aunque su contacto con Jerry y Patty Beaumont duró solo un año, Jim y Nancy reconocen el tremendo valor que les añadieron y aún los consideran como dos de las mayores influencias en sus vidas.

Hoy, Jim y Nancy son personas de influencia. Su negocio se ha expandido a muchos países alrededor del mundo: desde Europa oriental hasta el Pacífico, desde Brasil y Argentina hasta China. Mediante seminarios, cintas, y videos, impactan a cientos de miles de individuos y familias cada año. Su negocio continúa creciendo, pero para ellos lo más importante es que comunican sus fuertes valores y su fe a personas que influyen. Hacen todo lo que pueden por añadir valor a la vida de todos los que tocan.

No sabemos exactamente cuál es su sueño en la vida o qué clase de legado desea dejar. No obstante, si desea impactar tendrá que convertirse en una mujer o un hombre capaz de influenciar a otros. No hay otra manera de tocar efectivamente las vidas de las personas. De convertirse en una persona de influencia, es posible que algún día cuando otros escriban los nombres de aquellos que hicieron una diferencia en sus vidas, el suyo esté en la lista.

1

UNA PERSONA DE INFLUENCIA TIENE... INTEGRIDAD CON LAS PERSONAS

Jim dice: Hace unos años, mientras Nancy, mi esposa, y yo estábamos en un viaje de negocios por Europa, celebramos su cumpleaños en Londres. Como regalo, decidí llevarla a la tienda Escada para comprarle un par de vestidos.

Se probó algunas cosas y le gustaban todas. Y mientras estaba en el probador tratando de decidir cuál se llevaría, le dije al dependiente que lo envolviera todo. Nancy trató de protestar; se sentía avergonzada por comprar tantas cosas a la vez, pero insistí. Ambos sabíamos que usaría bien la ropa.

Un par de días después, tomamos el largo vuelo del Aeropuerto Heathrow, en Londres, al Aeropuerto Internacional de San Francisco. Después de aterrizar, pasamos a la fila para la inevitable inspección de la aduana. Cuando nos preguntaron qué teníamos que declarar, le mencionamos la ropa que compró Nancy y la cantidad que gastamos.

—¿Cómo? —dijo el agente—. ¿Está declarando ropa?

—¿De qué está hecha la ropa? —preguntó—. Tengo que llamar a mi supervisor. Ni siquiera sé cuáles son las tarifas. Nadie declara ropa.

Estaba frustrado.

—Vamos, saque todo y organícelo según el material.

Debió tomarnos unos cuarenta y cinco minutos organizarlo todo y calcular cuánto gastamos en cada artículo. La tarifa resultó ser bastante alta, como dos mil dólares. Mientras metíamos todo en nuestras valijas, el agente dijo:

—¿Sabe? Creo que lo conozco. ¿Usted es Jim Dornan?

—Sí —respondí—. Lo siento, pero ¿nos conocemos? No lo reconocía.

—No —dijo—. Pero tengo un amigo que está en su organización. Network TwentyOne, ¿cierto?

—Así es —dije.

—He visto su foto anteriormente. ¿Sabe? —me dijo el agente—, mi amigo me ha dicho que me beneficiaría uniéndome a su organización. Pero realmente no he escuchado. Ahora creo que debo reconsiderarlo. Después de todo puede estar en lo correcto. Verá, la mayoría de las personas que veo todos los días tratan de pasar todo tipo de cosas a través de la aduana sin pagar impuesto. Pero ustedes, están declarando cosas que pudieron haber pasado sin problema alguno. ¡Realmente pudieron haberse ahorrado una buena cantidad de dinero!

—Eso podrá ser cierto —respondió Nancy—, pero puedo prescindir del dinero que pagué en la aduana mucho más de lo que puedo prescindir de no tener una conciencia limpia.

Ese día, mientras estábamos parados en la fila, ni siquiera se nos ocurrió que alguien pudiera conocernos. Y pienso que eso es lo que muchas personas piensan al hacer artimañas en la vida. «¿Quién va a enterarse?», se dicen. La verdad es que otras personas saben. Su cónyuge, sus hijos, sus amistades y sus socios de negocios saben. Más importante aun, aunque cubra sus huellas muy bien, y ellos no sepan en lo que anda, *¡usted lo sabe!* Y no desea entregar o vender su integridad a *ningún* precio.

LA INTEGRIDAD GENUINA NO ESTÁ A LA VENTA

En cada aspecto de la vida uno puede ver asuntos relacionados con el carácter. Por ejemplo, hace años, el prestamista Iván Boesky describió abiertamente la *codicia* como «algo bueno» al dirigirse a la escuela de negocios de la UCLA. Esa manera de pensar defectuosa pronto lo metió en líos. Cuando sus prácticas inmorales en Wall Street salieron a la luz, fue multado con $100 millones de dólares y enviado a prisión por tres años. Uno ve ejemplos de quiebras morales en casi cualquier parte. Los predicadores televisivos caen moralmente; madres ahogan a sus niños; se encuentran a atletas profesionales con drogas y prostitutas en sus cuartos de hotel. La lista sigue creciendo. Muchas personas perciben la integridad como una idea pasada de moda, algo que puede gastarse o que ya no es aplicable a ellos en nuestro mundo acelerado. Pero es posible que hoy la integridad haga más falta que nunca antes, y es absolutamente esencial para cualquiera que desee convertirse en una persona de influencia.

En su libro más vendido, *Los siete hábitos de la gente altamente efectiva*, Stephen Covey escribió acerca de la importancia de la integridad para el éxito de una persona:

Si trato de usar estrategias y tácticas humanas en cuanto a cómo influir en otras personas para que hagan lo que quiero, para trabajar mejor, para estar más motivado, para agradarles y que se agraden entre sí, y mi carácter es fundamentalmente defectuoso, caracterizado por doblez o hipocresía, a la larga no podré tener éxito. Mi doblez producirá desconfianza, y todo lo que haga, hasta emplear las llamadas buenas técnicas de relaciones humanas, se percibirá como manipulación.

Simplemente no importa cuán buena sea la retórica o siquiera sus intenciones: si hay poca o ninguna confianza, no hay fundamento para el éxito permanente. Solo la bondad vivifica la técnica.[1]

LA INTEGRIDAD TRATA DE COSAS PEQUEÑAS

Pese a lo importante que es la integridad para el éxito de su negocio, es mucho más crítica si desea convertirse en una persona de influencia. Es el fundamento sobre el que se construyen muchas otras cualidades, como el respeto, la dignidad y la confianza. Si la base de la integridad es débil o es principalmente defectuosa, ser una persona de influencia se convierte en algo imposible. Como lo señala Cheryl Biehl: «Una de las realidades de la vida es que si no se puede confiar en una persona en todos los aspectos, uno realmente no puede confiar en él o ella en ningún punto». Hasta las personas que pueden ocultar su falta de integridad durante un tiempo, al fin y al cabo experimentan el fracaso, y desaparece cualquier influencia que hayan logrado temporalmente.

Vea la integridad como algo con beneficios similares al cimiento de una casa durante una tormenta recia. Si es sólido, resistirá las aguas tormentosas. Pero si tiene grietas, la tensión de la tormenta las aumenta hasta que al fin y al cabo, el cimiento y luego toda la casa, se derrumban bajo la presión.

Debido a eso es crucial mantener la integridad ocupándose de las cosas pequeñas. Muchas personas malinterpretan esto.

Piensan que pueden hacer lo que les plazca respecto a las cosas pequeñas porque creen que siempre y cuando no tengan un gran resbalón, les irá bien. Pero así no son las cosas. El *Webster's New Universal Unabridged Dictionary* [Nuevo Diccionario Universal Webster] describe la *integridad* como «adhesión a principios éticos y morales; carácter moral sólido; honestidad». Los principios éticos no son flexibles. El hurto es hurto, sea un dólar, mil, o un millón. La integridad se compromete con el carácter por encima de la ganancia personal, con las personas por sobre las cosas; con el servicio por encima del poder, con el principio por sobre la conveniencia; con la vista panorámica por encima de la inmediata.

Desarrollar y mantener la integridad requiere atención constante. Josh Weston, ejecutivo y director de la compañía Automatic Data Processing, Inc., afirma: «Siempre he tratado de vivir con la siguiente regla: "No haga lo que no le agradaría leer en el periódico al día siguiente"». Es un buen principio que todos deberíamos observar.

LA INTEGRIDAD ES UN TRABAJO INTERNO

Una de las razones por las cuales muchas personas luchan con lo que se relaciona con la integridad es que tienden a mirar fuera de sí mismos para explicar sus deficiencias en el carácter. No obstante, el desarrollo de la integridad es un trabajo interno. Observe las tres verdades siguientes acerca de la integridad que se oponen al pensamiento común:

I. LA INTEGRIDAD NO ESTÁ DETERMINADA POR LAS CIRCUNSTANCIAS

Algunos sicólogos y sociólogos contemporáneos nos dicen que muchas personas de carácter pobre no serían así de haber crecido en un medio ambiente diferente. Ahora, es cierto que nuestra crianza y nuestras circunstancias afectan lo que somos.

Pero mientras más viejos somos, mayor es la cantidad de decisiones tomadas, para bien o para mal. Dos personas pueden crecer en el mismo ambiente, aun en la misma casa, y una es íntegra y la otra no. A fin de cuentas, usted es responsable de sus decisiones.

2. La integridad no se basa en credenciales

En tiempos antiguos, los fabricantes de ladrillos, los que grababan en piedra y otros artesanos usaban un símbolo para marcar las cosas que creaban identificándolos como obra suya. El símbolo que usaba cada uno era su «carácter». El valor de la obra estaba en proporción a la destreza con la cual se hacía el objeto. Solo se estimaba el carácter si la obra era de alta calidad. En otras palabras, la calidad de la persona y su obra respaldaban sus credenciales. Si la obra era buena, así era el carácter. Si era mala, entonces el carácter se percibía como pobre.

Hoy pasa igual con nosotros. El carácter procede de lo que somos. Algunas personas quisieran ser juzgadas no por lo que son, sino por los títulos que han logrado o la posición que tienen, independientemente de la naturaleza de su carácter. Su deseo es influenciar a otros con el peso de sus credenciales, más que por lo fuerte de su carácter. Pero las credenciales jamás podrán alcanzar lo que puede hacer el carácter. Observe las diferencias entre las dos:

CREDENCIALES	CARÁCTER
Son transitorias	Es permanente
Se enfocan en los derechos	Se concentra en las responsabilidades
Solo añaden valor a una persona	Añade valor a muchas personas
Enfocan los logros pasados	Construye un legado para el futuro
Muchas veces evocan celos en otros	Genera respeto e integridad
Solo le lleva a la puerta	Lo mantiene allí

Ninguna cantidad de títulos, grados, oficios, designaciones, premios, licencias, u otra credencial puede sustituir la integridad básica cuando hablamos del poder de influir en otros.

3. La integridad no debe confundirse con reputación

Ciertamente, una buena reputación es valiosa. Salomón, rey del antiguo Israel, declaró: «De más estima es el buen nombre que las muchas riquezas, y la buena fama más que la plata y el oro».[2] Pero la buena reputación es el reflejo del carácter de la persona. Si la reputación es como el oro, entonces tener integridad es como ser dueño de la mina. Preocúpese menos por lo que otros piensan y préstele atención a su carácter interno. D. L. Moody escribió: «Si me ocupo de mi carácter, mi reputación se ocupará de sí misma».

Si lucha para mantener su integridad, y está haciendo todo lo correcto en el aspecto externo y aún así tiene malos resultados, algo anda mal, todavía necesita cambiar por *dentro*. Vea las siguientes preguntas. Podrían ayudarle a identificar las áreas que requieren atención.

PREGUNTAS QUE AYUDAN A MEDIR SU INTEGRIDAD

1. ¿Cuán bien trato a las personas que no me benefician?
2. ¿Soy transparente con los demás?
3. ¿Aparento ser algo distinto dependiendo de la(s) persona(s) con quien(es) esté?
4. ¿Soy el mismo cuando ocupo el centro de atención que cuando estoy solo?
5. ¿Reconozco rápidamente el mal que hago sin que me presionen?

6. ¿Doy prioridad a otras personas antes que a mi agenda personal?

7. ¿Tengo un patrón rígido para las decisiones morales o determinan las circunstancias mis elecciones?

8. ¿Tomo decisiones difíciles aunque impliquen un costo personal?

9. Cuando tengo algo que decir de ciertas personas, ¿les hablo *a* ellas o hablo *de* ellas?

10. ¿Rindo cuentas ante al menos una persona por lo que pienso, digo y hago?

No se apresure a responder estas preguntas. Si el desarrollo del carácter es un aspecto de su vida seriamente necesitado, su tendencia podría ser a dar respuestas que describan cómo desearía ser en lugar de quien realmente es. Invierta algún tiempo para reflexionar en cada pregunta. Luego trabaje en las áreas dónde tiene más problemas. Y recuerde esto:

> Muchos tienen éxito inmediato por lo que saben;
> algunos tienen éxito temporal por lo que hacen;
> pero pocos logran éxito permanente por lo que son.

El camino hacia la integridad puede que no sea el más fácil, pero es el único que lo llevará a donde definitivamente desea llegar.

La integridad es su mejor amiga

El apreciado escritor estadounidense del siglo diecinueve, Nathaniel Hawthorne, ofreció este pensamiento: «Ningún hombre puede llevar una cara consigo y otra para la multitud por mucho tiempo, sin que al fin se confunda y no sepa cuál es la verdadera». Cuando usted compromete su integridad, se hace un daño increíble. Eso ocurre porque realmente la integridad es su mejor amiga. Jamás lo traicionará o lo comprometerá. Mantiene sus prioridades en lo correcto. Cuando se ve tentado a tomar atajos, ella le ayuda a quedarse en el curso correcto. Cuando otros lo critican injustamente, le ayuda a seguir y adoptar la sublime posición de no defenderse. Y cuando la crítica de otros es válida, la integridad le ayuda a aceptar lo que dicen, aprender de ello y seguir creciendo.

Abraham Lincoln dijo en una ocasión: «Cuando deje las riendas del gobierno, quiero que me quede un amigo. Y ese amigo lo llevo dentro de mí». Casi podría decirse que, debido a la crítica tan virulenta de su gestión, la integridad de Lincoln era su mejor amiga mientras ocupaba su puesto. He aquí una descripción de lo que enfrentó tal y como lo explicara Donald T. Phillips:

> Es posible que Abraham Lincoln fuera más calumniado, difamado y odiado que ningún otro hombre que haya aspirado al puesto más alto de la nación... En público se le llamó casi cada nombre que la prensa del día pudiera imaginarse, incluyendo: mono grotesco, abogado campesino de tercera clase, que antes rompiera rieles y ahora divide a la Unión, bromista vulgar grosero, dictador, simio, bufón, entre otros. El Illinois State Register lo denominó «el político más deshonesto y suspicaz que jamás haya desgraciado un puesto en Estados Unidos de América...». La crítica injusta y severa no amainó después que Lincoln prestó juramento para su cargo, ni tampoco procedía solo de los simpatizantes de los sureños. Provenía de la Unión misma, del Congreso, de algunas facciones dentro del Partido Republicano, e inicialmente, entre su propio gabinete.[3]

A través de todo, Lincoln fue un hombre de principios. Y como sabiamente dijera Thomas Jefferson: «Dios concede que los hombres de principios sean nuestros principales hombres».

La integridad es la mejor amiga de sus amigos

La integridad es su mejor amiga, y también es una de las mejores amigas que jamás tendrán sus amigos. Cuando la gente que lo rodea sabe que es una persona íntegra, percibe que usted desea influenciarle por la oportunidad de añadir valor a sus vidas. No tienen que preocuparse por sus motivaciones.

En una ocasión vimos una caricatura en el New Yorker que mostraba cuán difícil puede ser evaluar los motivos ajenos. Algunos puercos se reunieron para comer mientras el granjero llenaba su batea hasta el borde. Un puerco se volvió a los otros y les inquirió: «¿Se han preguntado alguna vez por qué es tan bueno con nosotros?». La persona íntegra influencia a otros porque desea traer algo a la mesa que los beneficie, no para ponerlos a ellos en la mesa y beneficiarse a sí mismo.

La confianza: el beneficio de la integridad

La conclusión en cuanto a la integridad es que permite que otros confíen en usted. Y sin confianza, usted no tiene nada. La confianza es el factor más importante en las relaciones personales y profesionales. Es el pegamento que une a la gente. Y es la clave para convertirse en una persona de influencia.

En estos días la confianza es un género cada vez más escaso. Las personas cada día son más suspicaces y escépticas. Bill Kynes expresó los sentimientos de toda una generación al escribir:

Creímos que podíamos confiar en los *militares*,
  pero entonces llegó *Vietnam*;
Creímos que podíamos confiar en los *políticos*,
  pero entonces llegó *Watergate*;
Creímos que podíamos confiar en los *ingenieros*,
  pero entonces llegó el *desastre del Challenger*;
Creímos que podíamos confiar en nuestro *agente de
  inversiones*;
  pero entonces llegó el *Lunes Negro*;
Creímos que podíamos confiar en los *predicadores*,
  pero entonces llegó *PTL y Jimmy Swaggart*.
Entonces, ¿en quién puedo confiar?[4]

En algún momento usted podría suponer que los demás confiarán en usted a menos que les diera razón para no hacerlo. Pero ahora, a la mayoría de las personas debe probarles su honradez. Eso es lo que hace que la integridad sea tan importante si desea convertirse en una persona de influencia. Los demás llegan a confiar en usted solamente cuando muestra un carácter firme.

Hoy día la gente necesita líderes desesperadamente, pero desean ser influenciados solo por individuos en los que puedan confiar, personas de buen carácter. Si desea llegar a ser alguien que pueda influenciar de manera positiva a otros, necesita desarrollar las siguientes cualidades y vivirlas a diario:

- **Sea un modelo de carácter consistente.** La confianza sólida solo puede desarrollarse cuando las personas puedan confiar en usted todo el tiempo.
- **Use comunicación sincera.** Para ser una persona digna de confianza, tiene que ser como una buena composición musical: sus palabras y su música tienen que hacer juego.
- **Valore la transparencia.** A la larga, las personas descubrirán sus faltas, aunque trate de ocultarlas. Pero

si es franco con ellas y reconoce sus debilidades, apreciarán su sinceridad e integridad. Y así podrán relacionarse mejor con usted.

- **Sea un modelo de humildad.** Las personas no confiarán en usted si lo ven motivado por el ego, los celos o la creencia de que es superior a ellos.
- **Demuestre su apoyo a otros.** Nada desarrolla o demuestra su carácter mejor que su deseo de poner a otros primero. Como dice nuestro amigo Zig Ziglar: «Ayude a muchas personas a tener éxito, y usted también lo tendrá».
- **Cumpla sus promesas.** Jamás prometa nada que no pueda cumplir. Y cuando diga que va a hacer algo, cúmplalo. Una manera segura de quebrantar la confianza de otros es no cumplir sus compromisos.
- **Adopte una actitud de servicio.** Fuimos puestos en esta tierra para servir, no para ser servidos. Dar de su persona y de su tiempo a otros muestra que se interesa en ellos. El médico y misionero Sir Wilfred T. Grenfell sostuvo que «el servicio que damos a otros realmente es la renta que pagamos por nuestra habitación en esta tierra». Las personas íntegras son dadoras, no saqueadoras.
- **Promueva la participación bilateral entre las personas que influencie.** Cuando uno vive una vida íntegra, los demás le escuchan y le siguen. Recuerde siempre que la meta de la influencia es la participación, no la manipulación. Solo a medida que incluya a otros en su vida y en sus logros tendrá éxito permanente.

Se dice que uno realmente no conoce a las personas hasta que las observa interactuando con un niño, cuando el auto tiene un neumático sin aire, cuando el jefe está fuera y cuando creen que nadie se enterará. Pero la gente con integridad jamás tiene que preocuparse de eso. No importa dónde estén, con quién estén o en qué clase de situación se encuentren, son coherentes y viven basados en sus principios.

LA INFLUENCIA: EL BENEFICIO DE LA CONFIANZA

Uno alcanza a la gente cuando comienza a ganarse su confianza y ese es uno de los aspectos clave para influenciar. El presidente Dwight D. Eisenhower expresó su opinión sobre esto de esta manera:

> Para ser líder, el hombre necesita seguidores. Y para tener seguidores, el individuo debe tener la confianza de ellos. Por lo tanto, la cualidad suprema de un líder es la integridad incuestionable. Sin ella, no puede alcanzar el éxito verdadero, ya sea en un grupo de trabajo, un campo de fútbol, en el ejército o en una oficina. Si los asociados de un hombre descubren que carece de una integridad rotunda, la persona fracasará. Sus enseñanzas y acciones deben cuadrar entre sí. De ahí que la primera gran necesidad sea la integridad y un alto propósito.

Cuando las personas comienzan a confiar en usted, su nivel de influencia aumenta. Y ahí es que podrá empezar a impactar sus vidas. Pero también es el momento de ser precavido porque el poder puede ser muy peligroso. En la mayoría de los casos, los que desean poder tal vez no deberían tenerlo, los que lo disfrutan quizás lo hacen por razones incorrectas, y los que más desean retenerlo no entienden que solo es temporal. Como dijo Abraham Lincoln: «Casi todos los hombres pueden soportar la adversidad, pero si quiere probar el carácter de un hombre, dele poder».

Para mantener su ambición a raya y el enfoque de su influencia en ayudar y servir a otros, pregúntese esto de vez en cuando: Si todo el mundo me siguiera, ¿sería el mundo mejor?

CONVIÉRTASE EN UNA PERSONA ÍNTEGRA

A la larga, usted puede forzar sus acciones para ajustarlas a sus principios, o puede manipular sus principios para adaptarse a sus acciones. Es una elección que tiene que hacer. Si desea convertirse en una persona de influencia, es mejor que elija el sendero de la integridad porque el resto de los caminos llevan definitivamente a la ruina.

Para convertirse en alguien íntegro tiene que regresar a lo fundamental. Es posible que tenga que tomar algunas decisiones difíciles, pero valdrá la pena.

COMPROMÉTASE CON LA HONESTIDAD, LA FIABILIDAD Y LA CONFIDENCIALIDAD

La integridad comienza con una decisión consciente y específica. Si espera a un momento de crisis para entonces resolver sus problemas de integridad, se prepara para fracasar. Decida hoy vivir con un código moral estricto y determine seguirlo sin importar lo que pase.

DECIDA PREVIAMENTE QUE USTED NO TIENE PRECIO

El presidente George Washington percibió que «pocos hombres tienen la virtud de resistir al que más dinero ofrezca». Algunas personas pueden comprarse porque no resolvieron el asunto del dinero antes del momento de la tentación. La mejor manera de protegerse contra una falla en la integridad es decidir hoy que no venderá su integridad: ni por poder, venganza, orgullo ni dinero, cualquiera que sea la cantidad.

CONCÉNTRESE EN LAS COSAS MENORES

Las cosas pequeñas nos hacen o nos deshacen. Si usted cruza la línea de sus valores, ya sea por una pulgada o una milla, traspasa el límite. La honestidad es un hábito que se fija haciendo lo correcto en todo momento, día tras día, semana tras semana, año tras año. Si hace lo correcto de modo consecuente en las cosas pequeñas, es menos probable que se extravíe moral o éticamente.

HAGA CADA DÍA LO QUE DEBE ANTES QUE LO QUE QUIERE

Gran parte de la integridad es cumplir sus responsabilidades de manera coherente. Nuestro amigo Zig Ziglar dice: «Si uno hace las cosas que tiene que hacer cuando las debe hacer, llegará el día en que pueda hacer las que quiera cuando lo desee».

El filósofo y escritor suizo, Henri Frédéric Amiel sostuvo que: «El hombre que no tiene vida interior es esclavo de lo que lo rodea». *Esclavos* es el término correcto para describir a quienes les falta integridad porque muchas veces se encuentran bajo los caprichos propios y los deseos cambiantes de otros. Pero con integridad, usted puede experimentar libertad. No solo es menos probable que lo esclavice la tensión que proviene de las malas elecciones, la deuda, el engaño y otros asuntos negativos del carácter, sino que tiene la libertad de influenciar a otros y añadirles valor de manera increíble. Y su integridad abre la puerta para que experimente éxito continuo.

CÓMO TENER INTEGRIDAD CON LAS PERSONAS

- **Comprométase a desarrollar un carácter fuerte.** En el pasado, ¿se ha acostumbrado a responsabilizarse completamente por su carácter? Eso es algo que debe hacer para convertirse en una persona de influencia. Deje a un lado sus experiencias negativas, incluyendo circunstancias difíciles y personas que le hayan herido. Olvide sus credenciales o la reputación que alcanzó a través de los años. Arranque todo eso, y vea lo que resta. Si no observa una integridad firme en sí mismo, comprométase a cambiar hoy.

  Lea la siguiente declaración, y luego firme en la línea provista:

  Me comprometo a ser una persona de carácter. Los pilares de mi vida serán la verdad, la fiabilidad, la honestidad y la confidencialidad. Trataré a otros como espero que me traten. Viviré según los estándares de integridad más altos, en medio de todas las circunstancias de la vida.

Firma: _____ Fecha: _____

- **Haga cosas pequeñas.** Dedique la semana próxima a monitorear cuidadosamente los hábitos de su carácter. Escríbase una nota cada vez que haga una de las siguientes cosas:

  - No decir toda la verdad.
  - Incumplir un compromiso, prometido o implícito.
  - Dejar una tarea sin terminar.
  - Hablar sobre algo que se esperaba que mantuviera en confidencia.

- **Haga lo que debe antes que lo que quiere.** Cada día de esta semana, ubique dos asuntos en su lista de cosas pendientes que debe hacer pero que ha estado posponiendo. Complete esas tareas antes de hacer cualquier cosa de la lista de las que disfruta.

2

UNA PERSONA DE INFLUENCIA... NO DEJA DE CUIDAR A LAS PERSONAS

Jim dice: Hace varios años Nancy y yo decidimos ayudar a nuestro hijo Eric a ser un poco más independiente. Hablando en general, le va muy bien. Es más, participa en muchas actividades que alguien que no usa una silla de ruedas jamás llega a realizar. Pero creímos que disfrutaría al dar otro paso en su desarrollo personal, así que indagamos respecto a algo que oímos llamado Canine Companions for Independence [CCI, Compañeros caninos para la independencia], una organización que une perros especialmente entrenados a personas impedidas.

Esta organización lleva más de treinta años operando y tiene oficinas alrededor del país, incluyendo Oceanside, California. Como no dista mucho de San Diego, un sábado por la mañana nos amontonamos en el auto y salimos hacia la costa para investigarlo.

Eric se emocionó mucho al llegar y visitar el centro de entrenamiento. Conocimos a varios miembros del personal y vimos muchos perros. Nos enteramos de que estos animales se pasan el primer año de sus vidas en los hogares de voluntarios que los crían y les enseñan destrezas básicas como obediencia y sociabilidad. Luego los llevan al centro CCI, donde viven y son especialmente entrenados durante ocho meses por miembros del personal. Aprenden cómo llegar a ser compañeros de trabajo para prácticamente todo tipo de personas impedidas, excepto los ciegos. Los perros aprenden cómo abrir puertas, cargar objetos, y cosas como esas. Algunos son entrenados para ayudar a personas sordas, y aprenden a señalarles a sus dueños cuando suena la puerta o el teléfono, cuando llora un bebé, cuando suena una alarma de incendios, y así por el estilo. Una vez que un perro es completamente entrenado, se le une a un nuevo dueño, y los dos se someten a cierto tipo de «entrenamiento básico» para aprender a trabajar juntos.

A Eric le encantó la idea de tener un perro; así que solicitamos uno que se ajustara a sus necesidades. Durante las siguientes semanas, esperamos. Y no pasó un día sin que Eric no hablara de ello. Al fin, una tarde recibimos una llamada de CCI diciendo que tenían un perro para Eric, y la mañana siguiente, salimos de nuevo a Oceanside.

Eric se enamoró de Sable de inmediato. Era una enérgica perra labrador dorada que tenía poco más de un año y medio de edad. Los dos pasaron el entrenamiento inicial y aprendieron a trabajar juntos. Sable podía encender y apagar las luces por Eric, acompañarlo a la tienda con dinero y cargar sus compras, y hacer un montón de cosas más.

A medida que se acercaba el término del entrenamiento, uno de los entrenadores se sentó con Eric y habló con él. Le dijo: «Eric, no importa qué hagas o dejes de hacer con Sable, asegúrate de algo. Tienes que ser tú quien la alimente. Eso es muy importante. Es la única manera de asegurar el vínculo entre ustedes y que te perciba como su amo».

Darle amor y afecto a la perra era sencillo para Eric. Disfrutaba mimándola y acariciándola, pero le resultó más difícil aprender a hacerse cargo de ella. Él tiene una personalidad bastante dócil. Pero con el tiempo, aprendió a alimentarla, y al fin se convirtió en la parte favorita de su rutina.

Alimentar a la perra es la mejor manera de crear una relación con ella. No solo provee lo necesario para el animal, dándole vida y fuerza, sino que también le enseña a confiar en usted y a seguirle. En la mayoría de los casos, cuando usted le alimenta, el cuidado que ofrece se convierte en lealtad, obediencia y afecto.

Naturaleza del cuidado

En cierta medida, las personas responden de manera similar a algunos animales. Al igual que estos, a las personas hay que cuidarlas, no solo física, sino emocionalmente. Si observa a su derredor, descubrirá que hay personas en su vida que quieren ser cuidadas, afirmadas con ánimo, reconocimiento, seguridad, y esperanza. Llamaremos a este proceso cuidado, y es algo que todo ser humano requiere.

Si desea convertirse en alguien que influencia a otras vidas, comience cuidándolas. Muchas personas erróneamente piensan que la manera de llegar a tener influencia es convirtiéndose en una figura autoritaria, corrigiendo los errores ajenos, revelando las áreas débiles que no pueden ver con facilidad en ellos mismos, y ofreciendo crítica supuestamente constructiva. Pero lo que el clérigo John Knox dijo hace más de cuatrocientos años aún es cierto: «Uno no puede enemistarse con las personas e influir en ellas al mismo tiempo».

En el centro del proceso de cuidado está el interés genuino por los demás. Cuando uno escucha la palabra *cuidar*, quizá se imagine a una madre meciendo a un bebé. Ella cuida a su niño, lo alimenta, lo anima, asegurándose de que sus necesidades sean satisfechas. No le da atención solo cuando tiene tiempo libre o cuando es conveniente. Lo ama y desea que crezca bien. De manera parecida, cuando trata de ayudar e influenciar a las personas a su alrededor, debe tener sentimientos positivos e interés por ellos. Si desea impactarlos de manera positiva, no puede despreciarlos o ridiculizarlos. Debe amarlos y respetarlos. O como afirma el experto en relaciones humanas Les Giblin: «No puede hacer que su prójimo se sienta importante en su presencia si en secreto usted siente que es un don nadie».

Podrá preguntarse por qué debe adoptar la función de cuidar a las personas que desea influenciar, sobre todo si son empleados, colegas, o amistades, y no familiares. Podría decir: *¿Acaso eso no es algo que pueden conseguir en otra parte, por ejemplo, en el hogar?* La desafortunada verdad es que la mayoría de las personas necesita desesperadamente que alguien les anime. Y aunque pocas personas les edifiquen, aún así debe convertirse en alguien que cuide de ellas porque las personas que más influencian a otros son aquellas que las hacen sentir mejor respecto a sí mismas. Si se transforma en un gran cuidador de los demás, tendrá la oportunidad de impactar bastante en ellos.

Evalúe una y otra vez sus motivos mientras ayuda y anima a otros. No sea como una niñita llamada Emily. Su padre, Guy Belleranti, manejaba un domingo en la mañana de la casa hacia la iglesia cuando la niña de cinco años dijo:

—Cuando crezca, quiero ser como el hombre que se para al frente.

—¿Quieres ser un ministro? —preguntó la madre de Emily.

—No —dijo Emily—, quiero decirle a la gente qué es lo que tienen que hacer.

Su meta es el crecimiento y la independencia de otros. Si cuida a otros pero deja que lleguen a depender de usted, realmente los hiere, y no los ayuda. Si los ayuda por su deseo de satisfacer sus necesidades o para sanar las heridas de su pasado, su relación con ellos puede llegar a ser interdependiente. No es saludable tratar de corregir su historia personal reviviéndola en forma vicaria a través de otros. Además, las personas interdependientes jamás llegan a ser influencias positivas en los demás.

EL CUIDADOR INFLUYENTE ES UN DADOR

Ahora que tiene una mejor idea de lo que significa cuidar a otros, quizás esté listo para aprender cómo hacerlo con las personas allegadas: empleados, familiares, amistades, compañeros de trabajo, de iglesia, y colegas. Lo hace enfocándose en dar más que en obtener. Comience dándoles a otros en estas áreas:

AMOR

Antes que pueda hacer algo en la vida de otros, debe mostrarles amor. Sin él, no puede haber conexión, futuro, ni éxito juntos. Recuerde algunas de las personas clave que impactaron su vida: un maestro increíble, un tío o tía especial. Indudablemente, cuando pasaba tiempo con estas personas, podía sentir que se interesaban en uno, y por eso respondía positivamente a ellos.

Descubrimos este ejemplo de la manera en que el amor puede afectar en la vida de los estudiantes. He aquí algo escrito por un maestro reflexivo:

> Me alivió mucho cuando comencé a entender que un jovencito necesita algo más que simplemente una materia. Conozco las matemáticas, y las enseño bien. Antes pensaba que eso era todo lo que tenía que hacer. Ahora les enseño a los niños, no enseño matemática. El joven que realmente me llevó a entender esto fue Eddie. Un día le pregunté por qué

creía que le iba mucho mejor que el año anterior. Le dio significado a toda mi nueva orientación. «Porque me siento bien conmigo mismo cuando estoy con usted», dijo.[1]

Eddie respondió al amor de una manera como no lo habría hecho al conocimiento, la psicología, la técnica, o la teoría docente. Floreció una vez que supo que su maestro se interesó en él.

La extensión y la amplitud de nuestra influencia en otros están directamente relacionadas con la profundidad de nuestro interés por ellos. Cuando se trata de ayudar a las personas a crecer y sentirse bien consigo mismas, no hay sustituto para el amor. Hasta un tipo duro como Vince Lombardi, el legendario entrenador de los Green Bay Packers, comprendió el poder del amor para sacar a relucir lo mejor de las personas e impactar sus vidas. Él decía: «Hay muchos entrenadores con buenos equipos de pelota que conocen lo básico y tienen bastante disciplina, pero aun así no ganan juegos. Entonces uno se encuentra con el tercer ingrediente: si van a jugar juntos como equipo, tienen que preocuparse los unos por los otros. Tienen que amarse entre sí. Cada jugador tiene que pensar en el otro».

Uno puede impactar positivamente a las personas cuidándolas. No importa qué profesión tenga, ni cuán exitosas sean las personas a su alrededor o lo que hayan alcanzado. Todos tienen la necesidad de sentirse valorados.

Invierta tiempo expresándoles su amor y aprecio a las personas que tiene cerca. Dígales cuán significativas son para usted. Escríbales notas diciéndoles cuánto se interesa por ellas. Deles una palmada en la espalda y, cuando sea apropiado, un abrazo. Jamás suponga que saben lo que siente por ellas. Dígaselo. A nadie le dicen mucho que le aman.

RESPETO

Leímos un relato sobre una mujer que se mudó a un pueblo pequeño. Después de estar allí por poco tiempo, se quejó con la vecina del pobre servicio que recibía en la farmacia local. Esperaba que su nueva conocida le repitiera su crítica al dueño de la tienda.

La próxima vez que la recién llegada fue a la farmacia, el farmacéutico la saludó con una gran sonrisa, le dijo cuán feliz se sentía de verla de nuevo, y que esperaba que le gustara el pueblo. También se ofreció para ayudarles a la mujer y a su esposo mientras se acomodaban. Luego se ocupó de su orden rápida y eficientemente.

La mujer le reportó el increíble cambio a su amiga.

—Supongo que le dijiste cuán pobre era el servicio —declaró.

—Bueno, no —dijo la vecina—. De hecho, y espero que no te moleste, le dije que estabas sorprendida por la manera en que había desarrollado su farmacia, y que creías que era una de las farmacias mejor atendidas que jamás hubieras visto.[2]

La vecina de esa mujer entendía que la gente responde al respeto. En efecto, la mayoría de las personas harán casi cualquier cosa por usted si las trata con respeto. Eso significa aclararles que sus sentimientos son importantes, que se respetan sus preferencias, y que sus opiniones son valiosas. Significa darles el beneficio de la duda. O como lo dijera el poeta y filósofo Ralph Waldo Emerson: «Cada hombre tiene el derecho de ser valorado por sus mejores momentos».

Cuando el amor se enfoca en dar a otros, el respeto muestra una disposición a recibir de parte de ellos. El respeto reconoce la habilidad de la otra persona o su potencial a contribuir. Escuchar a los demás y promover sus intereses por encima de los suyos refleja su respeto, además tiene el potencial para que usted y ellos tengan más éxito. Según un estudio realizado por Teleometrics International reportado en el Wall Street Journal, los ejecutivos entienden el poder del respeto. Entre los dieciséis mil ejecutivos encuestados, los investigadores se concentraron en un grupo de personas con mucho éxito. Todos tenían actitudes positivas con sus subordinados, buscaban su consejo con frecuencia, escuchaban regularmente sus preocupaciones y los trataban con respeto.

Si ha tenido la oportunidad de laborar en muchos contextos, y ha trabajado para ambos tipos de personas —las que sí le respetan y las que no— entiende cuán motivador puede ser el respeto. Y sabe también que es influenciado con más facilidad por quienes le tratan bien.

SENTIDO DE SEGURIDAD

Otro aspecto importante del cuidado es darle a la gente un sentido de seguridad. Las personas se sienten renuentes a confiar en usted y alcanzar su potencial cuando les preocupa si están seguros con usted o no. Pero cuando se sienten seguras, están en posición de responder positivamente y hacer lo mejor. Virginia Arcastle afirmó: «Cuando uno hace que las personas se sientan seguras, importantes y apreciadas, no necesitan menospreciar a los demás para aparentar que ellas son mejores».

La integridad es parte de lo que hace a las personas sentirse seguras, de lo cual hablamos en el capítulo anterior. La gente se siente segura con usted cuando sus palabras y sus hechos son congruentes y se conforman con un elevado código moral que incluye el respeto. Lou Holtz, antiguo entrenador de fútbol americano de Notre Dame, se ocupó de esto cuando señaló: «¡Haga lo correcto! Haga lo mejor que pueda y trate a otros de la manera en que quiere ser tratado porque preguntarán tres cosas: (1) ¿Puedo confiar en usted? (2) ¿Está usted comprometido?... (3) ¿Le intereso como persona?».

Las personas desean seguridad no solamente de parte suya sino también de su medio ambiente. Los buenos líderes reconocen esto y crean un medio en el que las personas puedan florecer. No puede influenciar a las personas de manera positiva e impactar sus vidas hasta que puedan confiar en usted por completo.

Reconocimiento

Un error muy común, especialmente entre los líderes en el mercado, es no mostrar reconocimiento ni agradecimiento a los demás. Por ejemplo, J. C. Staehle hizo un análisis de los trabajadores en Estados Unidos. Encontró que la causa principal de insatisfacción entre los empleados era que sus superiores no les daban reconocimiento. Es difícil que las personas sigan a alguien que no les aprecia por quiénes son y por lo que hacen. Como dijera el antiguo secretario de defensa y presidente del Banco Mundial, Robert McNamara: «Los cerebros son como los corazones, van donde se les aprecia».

El reconocimiento es algo que todos aprecian mucho, no solo las personas en los negocios y la industria. Aunque sea un poco de reconocimiento puede rendir bastantes frutos en la vida de una persona. Por ejemplo, leímos un relato escrito por Helen P. Mrosla, una monja maestra. Contaba su experiencia con Mark Eklund, un estudiante al que le enseñó por primera vez en tercer grado y luego, en la escuela secundaria, le enseñó matemática. He aquí su relato:

> Un viernes [en el aula] el ambiente no era bueno. Toda la semana nos habíamos esforzado mucho en un nuevo concepto, y percibí que los estudiantes estaban frustrados consigo mismos, y se sentían incómodos entre sí. Tenía que detener la incomodidad antes de que se descontrolaran. Así que les pedí que escribieran en dos hojas de papel los nombres de los demás compañeros, dejando un espacio entre cada uno. Entonces les dije que pensaran en la cosa más genial que se les ocurriera respecto a cada uno de sus compañeros de clase y que la escribieran.
>
> Hizo falta el resto del período de clase para terminar la tarea, pero mientras los estudiantes salían del salón, cada uno me entregó su papel...
>
> Ese sábado, escribí el nombre de cada estudiante en una hoja de papel, y anoté lo que el resto dijo acerca de ese individuo. El lunes le di a cada estudiante su lista. Algunos

tenían dos páginas. Antes de que pasara mucho tiempo, toda la clase sonreía. «¿De verdad?», escuché susurrar. «¡Jamás pensé que eso le resultara significativo a alguien!». «¡No sabía que le cayera tan bien a los otros!».

Nadie volvió a mencionar aquellos papeles en la clase. Jamás supe si los discutieron después o con sus padres, pero no importaba. El ejercicio cumplió su fin. Los estudiantes nuevamente estaban felices consigo mismos y entre sí.

Aquel grupo de estudiantes siguió adelante. Años más tarde, después de regresar de unas vacaciones, mis padres me recogieron en el aeropuerto. Mientras manejábamos a casa, mamá me hizo las preguntas acostumbradas en cuanto al viaje: cómo estuvo el tiempo, mis experiencias en general. Hubo un vacío breve en la conversación. Mamá miró de reojo a papá y simplemente dijo:

—¿Papá?

Mi padre se aclaró la garganta.

—Los Eklund llamaron anoche —comenzó.

—¿Ah sí? —dije—. No he oído de ellos en años. Me pregunto cómo estará Mark.

Papá respondió en voz baja.

—Mataron a Mark en Vietnam —dijo—. Mañana es el funeral, y sus padres quieren que asistas.

Hasta hoy puedo señalar el punto exacto en la autopista interestatal 494 en donde papá me dijo lo de Mark.

Nunca había visto a un soldado en un ataúd militar... La iglesia estaba llena de amistades de Mark. La hermana de Chuck [su antiguo compañero de clase] cantó «The Battle Hymn of the Republic» [El himno de batalla de la república]. ¿Por qué tuvo que llover el día del funeral? Ya era bastante difícil estar al lado de la tumba. El pastor pronunció las oraciones acostumbradas y el trompetista ejecutó el toque militar fúnebre. Uno por uno, todos los que amaban a Mark caminaron por última vez al lado del ataúd y lo salpicaron con agua bendita.

Fui la última en bendecir el ataúd. Mientras estaba parada allí, uno de los soldados que cargó el ataúd se me acercó.

—¿Usted era la maestra de matemáticas de Mark? —preguntó.

Asentí mientras continuaba viendo el ataúd.

—Mark me habló mucho de usted —dijo.

Después del funeral la mayoría de los compañeros de clase de Mark salieron a la granja de Chuck para almorzar. La madre y el padre de Mark estaban allí esperando, obviamente, por mí. —Queremos mostrarle algo —dijo su padre, sacando una cartera de su bolsillo—. Encontraron esto en su cuerpo cuando lo mataron. Creímos que lo reconocería.

Al abrir la billetera, sacó con cuidado dos gastadas hojas de papel de libreta que obviamente fueron pegadas, dobladas y desdobladas en muchas ocasiones. Supe sin mirar que los papeles eran los que había usado para nombrar todas las cosas buenas que cada compañero de clases de Mark había dicho de él.

—Muchas gracias por hacer eso —dijo la madre de Mark—. Como puede ver, él lo atesoraba.

Los compañeros de clase de Mark comenzaron a rodearnos. Chuck se sonrió un tanto tímido y dijo:

—Todavía tengo mi lista. Está en mi casa, en la gaveta superior de mi escritorio.

—John me pidió que pusiera la suya en nuestro álbum de bodas —dijo la esposa de John.

—Yo también tengo la mía —dijo Marilyn—. Está en mi diario.

Entonces Vicki, otra compañera de clase, buscó en su cartera, sacó su billetera y le mostró su gastada y estrujada lista al grupo.

—La llevo conmigo en todo momento —dijo Vicky sin parpadear—. Creo que todos guardamos nuestras listas.

Fue entonces cuando finalmente me senté y lloré.[3]

¿Qué haría que tantas personas guardaran las hojas de papel que recibieron cuando jovencitos llevándolas aún consigo siendo adultos, algunos de ellos, por todas partes, hasta luchando en un campo de arroz al otro lado del mundo? La respuesta es el aprecio. Todo el mundo tiene un hambre increíble de aprecio, afecto y reconocimiento. Mientras se relaciona con las personas, camine lentamente a través de la multitud. Recuerde los nombres de las personas, invierta tiempo mostrándoles que está interesado. Haga que otras personas sean una prioridad en su vida por encima de cualquier otra cosa, incluyendo sus planes y su itinerario. Y deles reconocimiento cada vez que pueda. Los edificará y los motivará. Y esto le convertirá en una persona de gran influencia en sus vidas.

ÁNIMO

Hace años se condujo un experimento para medir la capacidad de las personas para resistir el dolor. Los sicólogos midieron cuánto tiempo podía una persona descalza pararse en una cubeta de agua helada. Hallaron que un factor facilitó que algunos estuvieran en el agua el doble que los demás. ¿Sabe cuál fue el factor? El ánimo. Cuando otra persona estaba presente, apoyando y animando, los que sufrían pudieron soportar el dolor mucho más tiempo que los que no los recibían.

Pocas cosas ayudan a una persona como el ánimo. George M. Adams lo llamó «el oxígeno del alma».

La habilidad de influenciar es una consecuencia natural del ánimo. Benjamín Franklin escribió en una carta al comandante naval John Paul Jones: «De aquí en adelante, si ve ocasión para darles a sus oficiales y amistades un poco más de elogios de lo debido, y confesar más faltas de las que pueda ser acusado con razón, por ello simplemente pronto llegará a ser un gran capitán». Jones en verdad aprendió la lección. Eventualmente, llegó a ser un héroe de la guerra de independencia de Estados Unidos y luego alcanzó el rango de contralmirante en la marina rusa.

Así como el ánimo hace que otros quieran seguirle, no ofrecer elogios y ánimo tiene el efecto opuesto. Leímos un relato por el Dr. Maxwell Maltz que muestra el increíble impacto negativo que una persona puede ejercer al no animar a los que tiene cerca. Maltz describió a una mujer que vino a su oficina buscando ayuda. Evidentemente, su hijo se había mudado de su casa en el centro del país, a Nueva York, en donde Maltz tenía su consultorio. Cuando su hijo era solamente un niño, murió el esposo de la mujer, y ella se encargó del negocio, esperando hacerlo solo hasta cuando el hijo fuera lo suficientemente maduro para ocuparse de él. Pero cuando el hijo creció, no quiso involucrarse. En lugar de eso, quiso irse a Nueva York a estudiar. Ella acudió a Maltz porque quería averiguar por qué su hijo se comportaba de esa manera.

Unos cuantos días después el hijo fue a la oficina de Maltz, explicando que su madre había insistido en la visita.

—Amo a mi madre —explicó—, pero jamás le dije por qué tuve que dejar la casa. Simplemente nunca tuve el valor. No quiero que sea infeliz, pero verá doctor, no quiero seguir lo que mi padre comenzó. Quiero arreglármelas por mi propia cuenta.

—Eso es muy admirable —le dijo Maltz—, ¿pero qué tienes en contra de tu padre?

—Él era un buen hombre y trabajó muy duro, pero supongo que lo resentía —dijo—. Mi padre tuvo que esforzarse mucho y creyó que tenía que ser duro conmigo. Me parece que quería que desarrollara autosuficiencia o algo así por el estilo. Cuando niño, jamás me animó. Recuerdo cuando jugaba pelota con él en el patio. Él me lanzaba la pelota, yo la atrapaba. Hacíamos un juego para ver si yo podía atrapar diez pelotas seguidas. Y, doctor, ¡jamás me dejaba atrapar la décima pelota! Me tiraba ocho o nueve, pero siempre tiraba la décima al aire, o al suelo, o donde no podía atraparla.

El joven se detuvo un momento y entonces dijo:

—Nunca me permitía atrapar la décima pelota, ¡jamás! Y me parece que tuve que dejar la casa y el negocio que empezó porque de una u otra manera ¡deseaba atrapar esa décima pelota!

La falta de ánimo puede inhibir a la persona e impedirle una vida saludable y productiva, pero cuando se siente animada, puede enfrentar lo imposible y sobreponerse a la adversidad de manera increíble. La persona que da el don del ánimo se convierte en alguien que tiene influencia en su vida.

Lo que reciben

Para convertirse en una persona que cuida de los demás, aprenda a pensar de otra manera. En vez de pensar en usted mismo, deles prioridad a otros. En vez de poner a los demás en su lugar, trate de ponerse en el de ellos. Eso no siempre es fácil. Solo cuando se siente en paz consigo mismo y con quien usted es podrá pensar diferente y entregarse a otros. Sin embargo, el cuidar de los demás trae muchas recompensas. Cuando uno cuida a las personas, ellas reciben varias cosas:

Autoestima positiva

Nathaniel Branden, psiquiatra y experto en el tema de la autoestima, afirma que ningún factor es más decisivo en el desarrollo psicológico de las personas y la motivación que los juicios valorativos que hacen de sí mismos. Dice que la naturaleza de la autoevaluación tiene un profundo efecto en los valores, las creencias, los procesos mentales, los sentimientos, las necesidades, y las metas de la persona. Según su punto de vista, la autoestima es la clave más importante para el comportamiento de la persona.

Si usted se siente seguro de sí mismo y tiene una imagen propia saludable, entonces tal vez diga: «¡Eh! Puedo entender lo de aumentar la autoestima de un niño, pero cuando se trata de mis empleados o colegas, eso es asunto de ellos. Son adultos. Que se superen». La realidad es que la mayoría de las personas, tengan siete o cincuenta y siete años, pueden usar algo de ayuda en lo que se refiere a su percepción propia. Les encantaría que les aumenten su sentido de identidad. De cuestionarse esto, intente este experimento. Pídales a un par de personas que conozca que escriban en una hoja de papel todos los puntos fuertes de su personalidad. A cada persona generalmente se le ocurre una media docena. Entonces pídales que escriban todas sus debilidades. La mayoría del tiempo, ¡las listas de debilidades son al menos el doble de largas!

La autoestima impacta cada aspecto de la vida de la persona: el empleo, la educación, las relaciones, y más. Por ejemplo, el Instituto nacional para la motivación del estudiante condujo un estudio que mostró que el impacto de la autoconfianza en los logros académicos es mayor que el del coeficiente intelectual. Y Martin Seligman, profesor de psicología en la Universidad de Pensilvania, descubrió que las personas con alta estima obtienen trabajos mejor remunerados y tienen más éxito en sus profesiones que las personas con baja autoestima. Cuando se encuestó a representantes de una de las principales compañías de seguros, se halló que los que esperaban tener éxito vendían treinta y siete por ciento más de seguros que los que no esperaban tener éxito.

Si desea ayudar a las personas a mejorar su calidad de vida, a ser más productivas en el trabajo, y desarrollar relaciones más positivas, entonces edifique su autoestima. Haga que se sientan a gusto consigo mismas, y se derramarán los beneficios positivos en cada aspecto de sus vidas. Y cuando comiencen a experimentar esos beneficios, le estarán agradecidos.

Sentido de pertenencia

El sentido de pertenencia es una de las necesidades humanas básicas. La gente sufre cuando se siente aislada y excluida de un sentimiento de comunión con otros. Albert LaLonde señaló los peligros de este aislamiento: «Muchos jóvenes hoy día jamás han experimentado una conexión emocional profunda con alguien.

No saben cómo amar o ser amados. La necesidad de ser amados se traduce en el requisito de pertenecer a alguien o a algo. Impulsados por su necesidad... harán cualquier cosa por pertenecer».

Los que influencian positivamente entienden esta necesidad y hacen cosas para que las personas se sientan incluidas. Los padres se aseguran de que los niños se sientan miembros importantes de la familia. Los cónyuges hacen que la persona con quienes están casados se sienta como un compañero querido y con igual valor. Y los jefes permiten que sus empleados sepan que son miembros valorados del equipo.

Los grandes líderes son particularmente habilidosos en lograr que sus seguidores se sientan incluidos. Napoleón Bonaparte, por ejemplo, era un maestro en hacer que las personas se sintieran importantes e incluidas. Se le conocía porque merodeaba por su campamento y saludaba a cada oficial por su nombre. Mientras hablaba con cada hombre, le preguntaba sobre su pueblo, su esposa, y la familia. El general hablaba respecto a una batalla o maniobra en la que sabía que el hombre había participado. El interés y el tiempo que invertía con sus seguidores hacían que experimentaran un sentido de camaradería y pertenencia. No en balde sus hombres estaban consagrados a él.

Si desea convertirse en alguien que cuida mejor a las personas, desarrolle una manera de pensar que tome en cuenta a los demás. Busque maneras de incluir a otros. Conviértase en el agricultor que todos los días amarraba su vieja mula en un arado para dos caballos y decía: «Vamos, Beauregard. Vamos, Satchel. Vamos, Robert. Vamos, Betty Lou».

Un día su vecino, al oír al agricultor, le preguntó: «¿Cuántos nombres tiene esa mula?».

«Ah, solo tiene uno», respondió el agricultor. «Se llama Pete, pero le pongo anteojeras y menciono los otros nombres para que crea que otras mulas trabajan con él. Tiene una mejor actitud cuando es parte de un equipo».

Perspectiva

Otra cosa que las personas adquieren cuando son cuidadas es una mejor perspectiva de sí mismos. La mayoría recibe muchos comentarios negativos y crítica ajena, tanto que algunas veces comienzan a perder de vista su valor. Hay un ejemplo efectivo de esto en *A Touch of Wonder* [Un toque de maravilla], de Arthur Gordon. Relata la historia de un amigo que pertenecía a un club en la Universidad de Wisconsin. Estaba compuesto de varios jóvenes brillantes que tenían un talento genuino para la escritura. Cada vez que se reunían, uno de ellos leía un relato o ensayo que había escrito, y el resto del grupo lo analizaba y lo criticaba. Lo vicioso de sus comentarios los motivó a llamarse los «Estranguladores».

En el mismo recinto, algunas mujeres formaron un grupo y se autodenominaron las «Pendencieras». Ellas también leían sus manuscritos entre sí, pero en lugar de criticarse una a la otra, trataban de encontrar cosas positivas. Se animaba a cada miembro, sin importar cuán débil o poco desarrollado fuera su escrito.

Los resultados de las actividades de los dos grupos salieron a la luz veinte años después cuando se examinaron las carreras de los compañeros de clase. De los jóvenes talentosos de los «Estranguladores», ni uno alcanzó fama como escritor. Sin embargo, media docena de escritoras con éxito salieron de las «Pendencieras», aunque no necesariamente habían exhibido mayores promesas. Y algunas de las mujeres alcanzaron prominencia nacional, como la ganadora del premio Pulitzer, Marjorie Kinnan Rawlings.[4]

Para la mayoría de la gente, lo que no les permite avanzar no es lo que son. Es lo que creen no ser. Los «Estranguladores» indudablemente hicieron que cada uno sospechara de su habilidad para escribir, y con el tiempo se convencieron de ello. ¿Quién sabe qué clase de talento fue aplastado por su negatividad? Pero si alguien en el grupo hubiera tomado la iniciativa de cuidar en lugar de ser negativo, quizás habría salido otro Hemingway, Faulkner, o Fitzgerald que le hubiera dado al mundo otra biblioteca de obras maestras.

Todo el mundo aprecia que alguien le cuide, hasta los hombres y las mujeres importantes. Una pequeña exhibición en la Institución Smithsonian comprueba esto. Contiene los efectos personales que llevaba Abraham Lincoln la noche que lo mataron: un pequeño pañuelo con el bordado «A. Lincoln», un pequeño cuchillo como el que usaban los niños en las áreas rurales, un estuche de lentes reparado con hilo de algodón, un billete confederado de cinco dólares, y un recorte amarillento de periódico que celebraba sus logros como presidente. Comienza así: «Abe Lincoln es uno de los grandes estadistas de todos los tiempos...».[5]

Ese artículo, gastado de tanto leerlo, indudablemente lo ayudó durante algunos tiempos muy difíciles. Lo sustentó y lo ayudó a retener su perspectiva.

Sentido de trascendencia

En una ocasión, Woody Allen dijo sarcásticamente: «Lo único que lamento en la vida es que no soy otra persona». Aunque tal vez lo dijo para que otros se rieran, con los problemas que ha tenido en sus relaciones a través de los años, no podemos sino preguntarnos cuánta verdad hay en ese comentario. En la vida, el precio que el mundo nos asigna es casi idéntico al que nos damos a nosotros mismos. Las personas que tienen mucho respeto por sí mismas y que creen tener trascendencia casi siempre son respetadas y los demás los hacen sentir valorizados.

Cuando uno cuida a las personas y les añade valor sin esperar nada a cambio, ellas se sienten importantes. Se percatan de que son valoradas, que les importan a otros. Una vez que se sientan coherentemente positivas en cuanto a sí mismas, tienen libertad para vivir más positivamente consigo y con los demás.

Esperanza

El escritor Mark Twain advirtió: «Aléjese de los que tratan de menospreciar sus anhelos. Las personas pequeñas siempre hacen eso, pero los que realmente son grandes hacen que usted también se sienta como si pudiera llegar a ser grande». ¿Cómo se siente la mayoría de los individuos cuando están a su alrededor? ¿Se sienten pequeños e insignificantes, o creen en sí mismos y tienen esperanza en lo que pueden llegar a ser?

La clave de cómo trata a las personas yace en la manera en que piensa de ellas. Es un asunto de actitud. Johann Wolfgang von Goethe enfatizó: «Trate a un hombre como aparenta ser y lo empeorará; pero trátelo como si ya fuera lo que potencialmente pudiera ser, y hará que sea lo que debería ser».

La esperanza es, quizás, el don más grande que pueda darles a otros como resultado de cuidarlos, porque aunque su autoestima sea débil y no puedan percibir su trascendencia, aun así tienen razón para continuar tratando y luchando para concretar su potencial en el futuro.

En *Reconstruyendo la autoestima de tu pareja*, Dennis Rainey cuenta un maravilloso relato respecto a la esperanza que cuida y que puede hacer desarrollar un tremendo potencial. Dice que había un niño llamado Tommy al que no le iba muy bien en la escuela. Hacía preguntas constantemente y jamás podía ponerse al día. Parecía fracasar cada vez que intentaba algo. Su maestro, al fin, no pudo más, y le dijo a su madre que era incapaz de aprender y que jamás llegaría a mucho. Pero la madre de Tommy era alguien que sabía cuidar. Creía en él. Le enseñó en la casa, y cada vez que fracasaba, le daba esperanza y lo animaba a que siguiera intentándolo.

¿Qué pasó con Tommy? Se convirtió en inventor, y a la larga tuvo más de mil patentes, incluyendo las del fonógrafo y el primer bombillo incandescente eléctrico comercialmente práctico. Su nombre era Thomas Edison.[6] Cuando las personas tienen esperanza, no se sabe cuán lejos pueden llegar.

Cómo llegar a ser un cuidador natural

Quizás usted no nació con la capacidad natural de cuidar a otras personas. A muchos se les dificulta ser amorosos y positivos con otros, sobre todo si el ambiente en el que crecieron no era particularmente inspirador. Pero cualquiera puede llegar a ser cuidador y añadirles valor a los demás. Si cultiva una actitud positiva pensando en otros, a usted también le podría resultar natural cuidar y disfrutar del privilegio adicional de la influencia en la vida de otros. He aquí cómo hacerlo:

- **Comprométase con ellos.** Comprométase a convertirse en un cuidador. Conságrese a ayudarles a cambiar sus prioridades y sus acciones. El amor por otros siempre encuentra una manera de ayudar; la indiferencia hacia los demás no halla otra cosa que excusas.
- **Crea en ellos.** La gente es capaz de muchas cosas para satisfacer las expectativas de los más allegados. Deles su confianza y su esperanza, y harán todo lo que puedan para no defraudarlo.
- **Póngase a su disposición.** Usted no puede cuidar a nadie a la distancia. Solo puede hacerlo de cerca. Al comenzar el proceso con las personas, es posible que tenga que invertir mucho tiempo con ellas. Pero a medida que logren confianza en sí mismos y en la relación, necesitarán menos contacto personal. Hasta que lleguen a ese punto, asegúrese de que tienen acceso a usted.
- **Dé sin esperar nada a cambio.** Si necesita a la gente, no puede dirigirlos, y cuidarlos es un aspecto del liderazgo. En vez de tratar de convertir eso en una transacción, dé libremente sin esperar nada a cambio. Henry Drummond, economista del siglo diecinueve, comentó sabiamente: «Al reflexionar sobre su vida, se percatará

de que los mejores instantes que vivió fueron los momentos cuando hizo cosas en un espíritu de amor».

- **Deles oportunidades.** A medida que las personas a quienes cuida se van fortaleciendo, deles más oportunidades para crecer y tener éxito. Continuará cuidándolos, pero mientras pasa el tiempo, sus acciones y logros les ayudarán a continuar seguros, respetados, y animados.

- **Elévelos a un nivel superior.** Su meta definitiva siempre debe ser ayudarles a avanzar a un nivel superior, que alcancen su potencial. El sentir que alguien se preocupa y cuida de ellos es el fundamento sobre el cual pueden comenzar el proceso de construcción.

Se afirma que Walt Disney dijo que hay tres clases de personas en el mundo. Están los envenenadores de pozos que desaniman a otros, pisotean su creatividad, y les dicen qué es lo que no pueden hacer. Existen los cortadores de grama, personas que tienen buenas intenciones pero están absortos en sí mismos, que cortan su grama pero jamás ayudan a otros. Y están los que mejoran vidas. Esta última categoría incluye a personas que se esfuerzan por enriquecer la vida de otros, que los elevan y los inspiran. Cada uno de nosotros necesita hacer todo lo que pueda para convertirse en los que mejoran vidas, para cuidarlas, para motivarlas a crecer y alcanzar su potencial. Es un proceso que requiere tiempo. (Y en los capítulos siguientes compartiremos perspectivas que le mostrarán cómo ayudar a otros a dar pasos adicionales en ese proceso.)

CUIDE A OTRAS PERSONAS

- **Desarrolle en su hogar, en su negocio o en la iglesia un medio ambiente en el que sea importante cuidar de otras personas.** Que su meta sea hacer que quienes lo rodean se sientan amados, respetados y seguros. Para ello, comprométase a eliminar toda crítica negativa de su manera de hablar por un mes, y buscar solo cosas positivas para decirles a otros.

- **Ofrezca ánimo extraordinario.** Escoja dos o tres personas para animarlas este mes. Envíeles una nota breve escrita a mano cada semana. Póngase a la disposición de ellas y dé su tiempo sin esperar nada a cambio. A final del mes, examine sus relaciones con ellos para ver si hay un cambio positivo.

- **Reconstruya puentes.** Piense en alguien con quien haya tenido la tendencia a ser negativo en el pasado. (Puede ser cualquiera: un colega, un familiar, o un empleado, por ejemplo.) Acérquese a esa persona y discúlpese por sus acciones y declaraciones anteriores. Encuentre, entonces, la cualidad que más admira de esa persona y dígasela. Durante las siguientes semanas, busque maneras de edificar y fortalecer la relación.

3

UNA PERSONA DE
INFLUENCIA TIENE... FE EN
LAS PERSONAS

Jim creció en Niagara Falls, Nueva York. Hoy cuenta con una población de unas 60,000 personas, pero cuando Jim vivió allí tenía unos 100,000 habitantes. Era un pujante centro industrial, con compañías como DuPont Chemical. Contaba con medios culturales, una centenaria universidad consolidada, y otras atracciones, pero entonces el foco principal del pueblo era la increíble maravilla natural de las cataratas, como lo es aún hoy.

Los indígenas iroquis la llamaban Niágara, que significa «trueno de aguas». Es una vista asombrosa. Cada minuto más de trescientos mil metros cúbicos de agua caen desde unos cincuenta y cuatro metros de altura sobre la orilla de las cataratas. Y su anchura total, incluyendo la porción estadounidense y la canadiense, mide unos 945 metros. Se le llama, correctamente, una de las maravillas del mundo. Jim dice:

Cuando éramos jovencitos, escuchamos muchas historias acerca de las cataratas y las atrevidas peripecias que la gente hacía, como cuando Annie Edson Taylor se lanzó en un barril, y así por el estilo. Una de las grandes leyendas del pueblo era un acróbata francés llamado Charles Blondin que vivió entre 1824 y 1897. Cruzó la extensión de las cataratas sobre una cuerda en 1859. Eso debió requerir nervios de acero ya que una caída ciertamente lo habría matado. Es más, las cruzó varias veces. Una vez lo hizo en un barril, otra lo hizo vendado, y otra sobre zancos. Dicen que era realmente asombroso. Continuó presentándose hasta entrado en sus setenta.

Una de las hazañas más increíbles que realizó fue cruzar las cataratas sobre una cuerda cargando a un hombre en su espalda. ¿Se lo imagina? ¡Me parece que cruzar solo no era tan difícil para él! Pese a lo difícil que esta hazaña pudiera ser para Blondin, no dejo de preguntarme cómo hizo que alguien fuera con él. Eso es lo que uno llama confianza: subirse a la espalda de un hombre que va a caminar casi un kilómetro sobre una cuerda suspendida sobre las cataratas más poderosas del mundo.

Acostumbraba pensar en eso cuando era niño. ¿Cómo sería verlas desde esa cuerda? Y más importante, ¿qué persona confiaría en mí para cargarle a través de ellas de la manera en que aquel hombre confió en Blondin?

Datos sobre la fe en las personas

Es imposible decir la identidad del hombre que Blondin cargó a través de las cataratas, pero es indudable que tuvo gran fe en el acróbata francés. Después de todo, puso su vida en sus manos. Uno no ve ese tipo de confianza en otros con frecuencia, pero cuando lo hace, es algo muy especial.

La fe en las personas es una cualidad esencial de alguien influyente que trabaja con los demás, pero hoy es un producto escaso. Mire los siguientes datos sobre la fe:

I. La mayoría de las personas no tienen fe en sí mismas

Hace poco vimos una tira cómica de Jeff MacNelly, llamada *Shoe* [zapato], que mostraba al brusco editor de periódico de ese mismo nombre, parado sobre el montículo en un juego de béisbol. Su receptor le dijo: «Debes tener fe en tu curva». En el siguiente cuadro, Shoe indicó: «Para él es fácil decirlo. Cuando se trata de creer en mí mismo, soy agnóstico».

Así es como se sienten muchos hoy. Se les dificulta creer en sí mismos. Creen que van a fracasar. Aunque vean una luz al final del túnel, están convencidos de que es un tren. Ven la dificultad en cada posibilidad. Pero la realidad es que las dificultades raras veces derrotan a las personas; la falta de fe en sí mismas es lo que casi siempre lo hace. Con un poco de fe en sí misma, la gente puede hacer cosas milagrosas. Sin ella, las cosas realmente les resultan laboriosas.

2. La mayoría de las personas no tienen alguien que tenga fe en ellas

En *Just for Today* [Solo por hoy], James Keller cuenta esta historia: «Un vendedor de flores ambulante no vendía nada. De pronto se le ocurrió un pensamiento alegre y puso este anuncio: "Esta gardenia le hará sentirse importante todo el día por solo diez centavos". De inmediato sus ventas aumentaron».

Hoy, en nuestra sociedad, la mayoría de la gente se siente aislada. El fuerte sentido comunitario que una vez disfrutara la mayoría de los estadounidenses se ha convertido en algo raro, y muchas personas no tienen el apoyo familiar que fue común hace unos treinta o cuarenta años. Por ejemplo, el evangelista Bill Glass señaló: «Mientras crecían, a más del noventa por ciento de los presos, sus padres les decían: "Te van a meter en la cárcel"». En vez de enseñarles a sus niños a creer en sí mismos, algunos padres los derrumban. Para muchos, hasta los más cercanos no creen en ellos. No tienen a nadie a su lado. No en balde hasta algo pequeño como una flor puede cambiar la manera en la que alguien percibe el día.

3. La mayoría de las personas pueden notar cuando alguien tiene fe en ellas

Los instintos de las personas son bastante buenos para saber cuando los demás tienen fe en ellas. Pueden percibir si su creencia es genuina o falsa. Tener verdadera fe en alguien puede cambiar su vida. Nancy, la esposa de Jim, muchas veces afirma: «Cuando usted cree en las personas, ellas hacen lo imposible».

En su libro *Cómo aprovechar tus posibilidades para triunfar en la vida*, Robert Schuller, amigo de John, y pastor de la Catedral de Cristal en Garden Grove, California, cuenta un maravilloso relato sobre un incidente que cambió su vida cuando niño. Ocurrió cuando su tío tuvo fe en él, y lo demostró con sus palabras y acciones:

> Su auto pasó la granja descolorida y se detuvo en medio de una nube de polvo veraniego ante nuestra puerta. Salí corriendo descalzo por el balcón astillado y vi a mi tío Henry bajando del auto. Era alto, muy apuesto, y terriblemente vigoroso. Después de muchos años como misionero en China, visitaba nuestra finca en Iowa. Corrió hasta el viejo portón y puso sus dos enormes manos en mis hombros de cuatro años. Se sonrió ampliamente, sacudió mi pelo despeinado, y dijo: «¡Bueno! ¡Supongo que tú eres Robert! Creo que un día vas a ser un gran predicador». Esa noche oré en secreto: «Querido Dios, ¡conviérteme en un predicador cuando sea grande!». Creo que Dios me convirtió en un PENSADOR DE POSIBILIDADES allí, en ese momento.

Mientras labora por convertirse en una persona de influencia, recuerde siempre que su meta no es lograr que las personas piensen mejor respecto a usted. Es hacer que piensen mejor acerca de sí mismas. Tenga fe en ellas, y comenzarán a hacer exactamente eso.

4. LA MAYORÍA DE LAS PERSONAS HARÁ CUALQUIER COSA PARA ESTAR A LA ALTURA DE SU FE EN ELLAS

Las personas se levantan o se derrumban para satisfacer el nivel de expectativas que uno tiene en ellas. Si expresa escepticismo y duda en otros, le corresponderán con mediocridad. Pero si cree en ellos y espera que les vaya bien, se esforzarán al máximo tratando de hacer lo mejor. En ese proceso, se beneficiarán usted y ellos. John H. Spalding expresó la idea de esta manera: «Los que creen en nuestra habilidad hacen algo más que estimularnos. Crean una atmósfera para nosotros en la que se facilita el éxito».

Si nunca ha sido alguien que confía y tiene fe en las personas, cambie su manera de pensar y comience a creer en ellas. Su vida mejorará rápidamente. Cuando tiene fe en otros, les da un regalo increíble. Deles dinero, y pronto se gastará. Deles recursos, y podrán no aprovecharlos de la mejor manera. Ayúdelos, y muchas veces se aprestarán a volver justamente a donde comenzaron. Pero deles su fe, y llegarán a ser confiados, enérgicos e independientes. Se motivarán a adquirir lo que requieren para tener éxito por su cuenta. Y luego de compartir su dinero, sus recursos, y su ayuda, podrán usarlos mejor para edificar un mejor futuro.

LA FE ES CONFIANZA EN ACCIÓN

A finales de los 1800, un vendedor del este llegó a un pueblo fronterizo en algún sitio en las Grandes Planicies. Mientras hablaba con el dueño de una tienda de víveres, entró un ganadero, y el dueño se excusó para atender a su cliente. El vendedor no pudo evitar oír la conversación de ellos. Parecía que el ganadero deseaba crédito para algunas cosas que necesitaba.

—Jake, ¿vas a poner algunas cercas esta primavera? —preguntó el dueño de la tienda.

—Seguro, Bill —dijo el ganadero.

—¿Vas a cerrar o a extenderte?

—Extenderme. Voy a ocupar otros 360 acres al otro lado del arroyo.

—¡Qué bueno, Jake! Tienes el crédito. Ve a la parte trasera y pídele a Steve lo que necesites.

El vendedor estaba confundido.

—He visto todo tipo de sistemas de crédito —dijo—, pero jamás uno como ese. ¿Cómo opera?

—Bueno —dijo el dueño de la tienda—, permítame decirle. Si un hombre cierra su cerca, significa que está asustado, tratando de retener lo que tiene. Pero si se extiende, está creciendo y tratando de mejorar. Siempre le doy crédito al que se extiende porque eso significa que cree en sí mismo.

Tener fe en las personas requiere algo más que simples palabras o sentimientos positivos respecto a ellas. Tenemos que respaldarlas con lo que hacemos. Como lo percibió claramente W. T. Purkiser, profesor emérito de religión en la Universidad Nazarena en Point Loma: «La fe es más que pensar que algo es cierto. Es pensar que es tan cierto que nos lleva a actuar».

Si desea ayudar a otros y tener un impacto positivo en sus vidas, debe tratarlos con ese tipo de confianza. Conviértase en un creyente en las personas, y hasta los poco experimentados e indecisos florecerán ante sus ojos.

Cómo convertirse en un creyente en las personas

Somos afortunados porque crecimos en ambientes positivos y afirmativos. Por eso se nos facilita creer en las personas y expresar esa creencia. Sin embargo, somos conscientes de que no todos tuvieron el beneficio de una crianza positiva. La mayoría tiene que aprender cómo tener fe en los demás. Para edificar su creencia en otros, trate de usar estas sugerencias.

CREA EN LOS DEMÁS ANTES DE QUE TENGAN ÉXITO

¿Ha notado cuántas personas apoyan un equipo deportivo tan pronto como comienza a ganar? Eso sucedió en San Diego hace algunos años atrás cuando los Chargers conquistaron su división en la liga de fútbol americano, y luego ganaron todos sus juegos en la semifinal para llegar al Súper Tazón. Toda la ciudad enloqueció. Uno podía ver el relámpago, el símbolo del equipo, por todas partes: en las casas, en las ventanas traseras de los autos, en broches, y así por el estilo.

En el clímax del éxito de los Chargers, un par de personajes radiales, llamados Jeff y Jer, unieron al pueblo de San Diego auspiciando un enorme acto matutino en el estadio. Su plan era darles a las personas que aparecieran, franelas con los colores del equipo y hacer que se alinearan en el estacionamiento para formar un relámpago gigante. Luego le tomarían una fotografía desde un helicóptero y la pondrían en el periódico de la mañana siguiente. Necesitaban un par de miles de personas para hacerlo, pero esperaban que aparecieran las suficientes como para poder hacerlo. Imagínense su sorpresa cuando aparecieron tantas personas que se quedaron sin franelas, y terminaron rodeando el «relámpago humano» con un borde adicional. Fue algo tan llamativo que algunos servicios noticiosos lo registraron y salió en las noticias nacionales.

A todo el mundo le encanta un ganador. Es fácil tener fe en individuos ya probados. Es mucho más difícil creer en las personas antes de que se prueben a sí mismas, pero esa es la clave para motivarlas a que alcancen su potencial. Tiene que creer en ellas primero, antes de que lleguen a tener éxito, y algunas veces antes de que siquiera crean en sí mismas.

Algunas personas en su vida quieren creer desesperadamente en sí mismas pero tienen poca esperanza. A medida que se relaciona con ellas, recuerde el refrán del mariscal de campo francés y héroe de la Primera Guerra Mundial, Ferdinand Foch: «No hay situaciones desesperadas; solo hay hombres y mujeres que se han desesperado por ellas». Cada persona tiene semillas de grandeza por dentro, aunque ahora puedan estar dormidas. Cuando uno cree en la gente, les echa agua a las semillas y les da la oportunidad de crecer. Cada vez que pone su fe en ellos, les está dando el agua proveedora de vida, calor, alimento y luz. Y si continúa dándoles ánimo demostrándoles que cree en ellas, estas personas florecerán a su tiempo.

Enfatice sus fortalezas

Ya mencionamos que mucha gente piensa erróneamente que para influenciar a los demás, tiene que ser una «autoridad» y señalarles sus deficiencias. Los que tratan ese método llegan a ser como Lucy, la de la tira cómica *Peanuts* de Charles Schulz. En una tirilla Lucy le dice al pobre Carlitos: «Carlitos, ¡eres un gol nulo en la portería de la vida! ¡Estás a la sombra de tus propios postes de portería! ¡Eres un mal tiro! ¡Eres tres golpes en el hoyo dieciocho! ¡Eres un tiro fallido en el décimo lanzamiento de bolos!... Eres un tiro libre errado, un mal golpe de golf y ¡un tercer lanzamiento cantado! ¿Entiendes? ¿Me explico?». ¡Esa, en verdad, no es una manera de impactar positivamente la vida de otra persona!

El camino para convertirse en una influencia positiva en otros yace exactamente en la dirección opuesta. La mejor manera de mostrarles su fe en ellos y motivarlos es enfocar su atención en sus fortalezas. Según Bruce Barton, autor y ejecutivo de mercadeo: «Jamás se logró nada espléndido excepto por aquellos que se atrevieron a creer que algo dentro de ellos era superior a las circunstancias». Enfatizar los puntos fuertes de las personas las ayuda a creer que poseen lo que necesitan para tener éxito.

Elógielas por lo que hacen bien, tanto en público como en privado. Dígales cuánto aprecia sus cualidades positivas y sus destrezas. En cualquier momento que tenga la oportunidad de elogiarlas y alabarlas en presencia de su familia y sus amigos íntimos, hágalo.

ANOTE SUS ÉXITOS PASADOS

Aun cuando enfatice las fortalezas de las personas, es posible que ellas necesiten más ánimo para mostrarles que cree en ellas y para motivarlas. La empresaria Mary Kay Ash aconseja: «Todo el mundo tiene un anuncio invisible colgando de su cuello que dice: "¡Hágame sentir importante!" Jamás olvide este mensaje cuando trabaje con las personas». Una de las mejores maneras de hacer eso es ayudando a lo demás a recordar sus éxitos pasados.

El relato de David y Goliat presenta un ejemplo clásico de la forma en que los éxitos pasados pueden ayudar alguien a tener fe en sí mismo. Es posible que recuerde el relato de la Biblia. Un campeón filisteo de casi tres metros de alto llamado Goliat se paró frente al ejército de Israel y los insultó todos los días durante cuarenta días, retándolos a enviar un guerrero a enfrentarse con él. El cuadragésimo día, un joven pastor llamado David llegó al frente de batalla a llevarles comida a sus hermanos, que estaban en el ejército de Israel. Mientras permanecía allí, fue testigo del despliegue contencioso del gigante entre retos y burlas. David se enojó tanto que le dijo a Saúl, rey de Israel, que deseaba enfrentarse al gigante. He aquí lo que sucedió:

> Y dijo David a Saúl: No desmaye el corazón de ninguno a causa de él; tu siervo irá y peleará contra este filisteo. Dijo Saúl a David: No podrás tú ir contra aquel filisteo, para pelear con él; porque tú eres muchacho, y él un hombre de guerra desde su juventud. David respondió a Saúl: Tu siervo era pastor de las ovejas de su padre; y cuando venía un león, o un oso, y tomaba algún cordero de la manada, salía yo tras él, y lo hería, y lo libraba de su boca; y si se levantaba contra mí, yo le echaba mano de la quijada, y lo hería y lo mataba. Fuese león, fuese oso, tu siervo lo mataba... Jehová, que me ha librado de las garras del león y de las garras del oso, él también me librará de la mano de este filisteo.[1]

David recordó sus antiguos éxitos y tuvo confianza en sus acciones futuras. Y por supuesto, al enfrentar al gigante, este cayó como un árbol, con solo una piedra y una honda. Cuando le cortó la cabeza a Goliat, su éxito inspiró a sus paisanos; y vencieron al ejército filisteo.

No todo el mundo tiene la habilidad natural de reconocer los éxitos pasados y obtener confianza de ellos. Algunas personas necesitan ayuda. Si puede mostrarles que les ha ido bien en el pasado y ayudarles a ver que sus victorias pasadas pavimentan el camino para éxitos futuros, estarán mejor capacitados para moverse y actuar. Anotar los éxitos pasados les ayuda a creer en sí mismos.

Incúlqueles confianza cuando fracasen

Cuando anima a las personas a tener fe en sí mismas, y comienzan a creer que pueden tener éxito en la vida, rápidamente llegan a encrucijadas críticas. La primera o segunda vez que fracasen, y fracasarán porque es parte de la vida, tendrán dos elecciones. Pueden ceder o continuar.

Hay quienes son tenaces y están dispuestos a seguir intentando el éxito, aun cuando no vean progreso inmediato; pero otros no son tan determinados. Algunos desfallecerán ante la primera señal de problemas. Para darles un empujón e inspirarlos, tiene que seguir mostrándoles confianza, aunque cometan errores o lo hagan pobremente.

Una de las maneras de hacer eso es contarles sobre sus traumas y problemas pasados. Algunas veces las personas piensan que si usted tiene éxito ahora, es porque siempre fue así. No se percatan de que también tuvo su racha de caídas, errores y fracasos. Muéstreles que el éxito es un viaje, un proceso, no un destino. Cuando se percaten de que fracasó y aun así se las arregló para tener éxito, sabrán que fracasar no es nada malo. Y su confianza seguirá intacta. Aprenderán a pensar como la leyenda del béisbol, Babe Ruth, cuando dijo: «Jamás permita que el temor a "poncharte" se interponga en su camino».

EXPERIMENTEN ALGUNOS TRIUNFOS JUNTOS

No basta simplemente saber que el fracaso es parte del avance en la vida. En verdad, para que la gente se motive a conseguir el éxito, les hace falta creer que pueden ganar. John, como muchos de nosotros, gustó del éxito cuando era solo un niño. John afirma:

> Cuando era un jovencito, idolatraba a mi hermano Larry, que es dos años y medio mayor que yo. Después de mis padres, él probablemente era la influencia principal en mi niñez. Larry siempre fue un gran líder y un excelente atleta. Y siempre que jugábamos básquetbol, fútbol o béisbol con los niños en el vecindario, él era el capitán.
>
> Muchas veces cuando escogían equipos, yo era el último que seleccionaban, porque era más joven y pequeño que la mayoría de los otros niños. Pero según fui creciendo, Larry comenzó a escogerme más, y eso siempre me hizo sentir bien, no solo porque implicaba interés por parte de mi hermano, sino porque sabía que si me escogía, estaría en el equipo ganador. Larry era un competidor feroz y no le gustaba perder. Siempre jugaba para ganar, y usualmente lo hacía. Juntos ganamos muchas veces, y esperaba el triunfo cuando jugaba con mi hermano.

Para ayudar a las personas a creer que pueden alcanzar la victoria, ubíquelas en donde puedan experimentar éxitos pequeños. Anímeles a realizar tareas o asumir responsabilidades que usted sabe que pueden lidiar y hacer bien. Deles la asistencia que necesitan para tener éxito. Con el tiempo, a medida que crezca su confianza, asumirán retos más difíciles, pero podrán enfrentarlos con confianza y habilidad por la experiencia positiva que están desarrollando.

IMAGÍNESE LOS ÉXITOS FUTUROS DE ELLOS

Escuchamos acerca de un experimento hecho con ratas de laboratorio para evaluar su motivación para vivir bajo distintas circunstancias. Los científicos pusieron una rata en una jarra llena de agua colocada en un lugar oscuro, y midieron cuánto tiempo continuaría nadando el animal antes de rendirse y ahogarse. Observaron que la rata casi siempre duraba poco más de tres minutos.

Luego pusieron otra rata en la misma clase de jarra, pero en vez de colocarla en completa oscuridad, permitieron que fuera iluminada por un rayo de luz. Bajo esas circunstancias, la rata siguió nadando treinta y seis horas. ¡Eso excede setecientas veces a la que estaba a oscuras! Como la rata podía ver, mantenía la esperanza.

Si eso ocurre con animales de laboratorio, piense cuán fuerte puede ser el efecto de la imaginación en las personas, que tienen la habilidad del raciocinio. Se dice que un individuo puede vivir cuarenta días sin comida, cuatro días sin agua, cuatro minutos sin aire, pero solo cuatro segundos sin esperanza. Cada vez que usted les presenta una visión a los demás y crea una imagen de su éxito futuro, los edifica, los motiva, y les da razones para continuar.

ESPERE UN NUEVO NIVEL DE VIDA

El estadista alemán Konrad Adenauer afirmó: «Todos vivimos bajo el mismo cielo, pero no todos tenemos el mismo horizonte». Como una persona de influencia usted tiene la meta de ayudar a otros a ver más allá del hoy y sus circunstancias, y soñar grandes sueños. Cuando uno pone su fe en los demás, los ayuda a extender sus horizontes y los motiva a moverse a todo un nuevo nivel de vida.

Algo integral para esa nueva manera de vivir es un cambio de actitud. Según Denis Waitley: «La ventaja del ganador no yace en un nacimiento dotado, un gran coeficiente intelectual o en el talento. La ventaja del ganador está en la actitud, no la aptitud. La actitud es el criterio para el éxito». A medida que las actitudes de las personas pasan de la duda a la confianza, en sí mismas y en su habilidad de tener éxito y alcanzar su potencial, todo mejora en sus vidas.

Hace varios años, Jim y Nancy ganaron una perspectiva asombrosa sobre el poder de ejercer su fe en otros cuando decidieron dar un viaje a una montaña en Utah con su hijo Eric. He aquí el relato de Jim acerca de ello:

Cuando usted tiene un niño con impedimentos físicos, constantemente está librando una batalla de emociones entre darle nuevas experiencias y protegerlo de heridas o del fracaso. Nuestra vida con Eric no es la excepción. A pesar de sus limitaciones, que incluyen usar una silla de ruedas y tener un uso limitado de su mano derecha, Eric tiene un gran espíritu positivo. Y muchas veces los que titubeamos al intentar cosas nuevas somos Nancy y yo, en vez de él.

Hace unos cinco años, Nancy tuvo la idea de que lleváramos a Eric a esquiar. Una amiga le contó acerca de un lugar en Park City, Utah, llamado National Ability Center [Centro Nacional de Habilidades]. Allí les ofrecen a las personas impedidas instrucción y asistencia para esquiar en la nieve, nadar, jugar tenis, esquiar en el agua, montar a caballo, navegar en balsas, y otras actividades. Ella pensó que la experiencia sería muy buena para la autoestima de él.

Tengo que reconocer que desde el principio tuve mis reservas. Sabiendo cuán difícil es el deporte para mí, se me hacía difícil imaginarme a Eric bajando disparado por una montaña de más de tres mil metros. Y saber que un golpe en la cabeza de Eric podría causarle un ataque que lo llevaría al hospital para otra cirugía cerebral no ayudaba en nada. No obstante, Nancy tenía fe en que él podía hacerlo; y cuando ella cree, él también. Así que salimos a intentarlo.

Cuando llegamos a Deer Valley, y conocimos algunas de las personas que trabajan en el National Ability Center, comencé a sentirme un poco mejor. Eran profesionales y muy positivos, y nos mostraron el equipo que Eric usaría, un tipo de esquí doble con un asiento moldeado. Lo pondrían en una silla y manejaría usando una barra unida a unos esquís en una horqueta.

Cuando comenzamos a llenar los formularios, nos paralizamos parcialmente al leer la cláusula de renuncia voluntaria que decía que Eric estaría «involucrado en actividades que incluían arriesgarse a sufrir heridas serias, discapacidad permanente y muerte». Eso hizo que el riesgo pareciera muy real, pero ya en ese momento Eric estaba muy emocionado y no queríamos que nos viera titubeando.

Luego de ajustar a Eric con una cinta fuerte de velcro en su esquí doble y darle algunas instrucciones, Stephanie, su joven instructora, lo llevó a la colina de aprendices. Unos diez minutos después, nos emocionamos al ver a Eric bajando por la colina con una gran sonrisa en su rostro. Estábamos tan orgullosos de él que lo saludamos chocando las manos y dándole palmadas en la espalda. Me dije: *No fue tan malo.*

Entonces volvieron a salir. Lo que no sabíamos era que esta vez iría al tope de la montaña. Esperamos al pie de la colina. Y esperamos. No estábamos seguros si íbamos a verlo bajar en sus esquís o en una camilla con la patrulla de la montaña. Finalmente, después de unos treinta minutos, lo vimos con Stephanie salir y esquiar hasta el pie de la loma. Sus mejillas estaban rojizas, y sonreía como el gato Cheshire. Le encantó.

«Papá, muévete», me dijo mientras pasaba a toda prisa. «Voy a subir de nuevo».

Eric esquió todos los días durante ese viaje. Es más, un día al terminar de esquiar, nos dijo:

—Hoy Stephanie no me subió a la montaña.

—Oh —dijo Nancy—, ¿entonces quién esquió contigo?

—Un tipo con una sola pierna —respondió Eric.

—¡Qué! —gritó Nancy—. ¿Cómo que un tipo con una sola pierna?

—Sí —dijo Eric—, un tipo con una sola pierna.

Y entonces Eric se sonrió juguetonamente y dijo:

—¿Quieres saber cómo perdió su pierna? ¡En una avalancha!

Desde entonces, Eric esquía todos los años y su vida no ha sido igual. Ahora tiene la confianza que jamás tuvo y está dispuesto a intentar casi cualquier cosa. Nada tres días a la semana, levanta pesas, juega balompié y hace otro tipo de cosas. Me parece que uno podría decir que adoptó como suyo el refrán del National Ability Center: «Si puedo hacer esto, ¡puedo hacer cualquier cosa!».

Si hubieran hecho las cosas como Jim quería, Eric jamás habría tenido la oportunidad de experimentar lo que hizo en aquella montaña en Utah, hace cinco años. Jim ama a Eric con todo su corazón, pero tiende a irse a la segura. Poner su fe en los demás implica arriesgarse, pero las recompensas superan los riesgos. Roberto Louis Stevenson dijo: «Ser lo que somos, y llegar a ser lo que somos capaces de ser, es el único fin de la vida». Cuando pone su fe en otros, los ayuda a alcanzar su potencial y usted llega a ser una influencia importante en sus vidas.

Tenga fe en otras personas

- **Busque un punto fuerte.** Piense en alguien a quien le gustaría animar. Busque un punto fuerte de la persona, y señáleselo. Use su interacción como oportunidad para expresar confianza en esa persona.
- **Edifique sobre éxitos pasados.** Si en el futuro cercano tiene que darle a alguien una tarea difícil, invierta algún tiempo en recordar sus éxitos. Entonces cuando se reúna con la persona, rememore esos éxitos. (Si pasa por este proceso y no puede recordar ninguno, es señal de que ha invertido muy poco tiempo conociendo a la persona. Planee invertir juntos algún tiempo para conocerse mejor.)
- **Ayude a otros a sobreponerse a la derrota.** Si tiene colegas, amistades, empleados, o familiares que hace poco experimentaron una derrota de algún tipo, invierta tiempo para hablar con ellos respecto a eso. Permita que le cuenten toda la historia, y cuando terminen, aclare que los valora y aún cree mucho en ellos.
- **Comience bien.** La próxima vez que reclute nuevas personas para su organización, comience bien las relaciones. En lugar de esperar hasta que se prueben a sí mismos para elogiarlos, asegúrese de afirmar repetidamente su fe en ellos y su habilidad antes de que le den resultados. Se complacerá por su deseo de saciar sus expectativas positivas.

4

UNA PERSONA DE INFLUENCIA... LOGRA ESCUCHAR A LAS PERSONAS

Si hoy fuera a una entrevista de trabajo, ¿cuál diría usted que es la destreza más importante que necesita? ¿Acaso es la redacción, para crear un tremendo currículum vitae? ¿O quizás la habilidad de vender? Después de todo, ¿no es eso lo que uno hace en una entrevista: venderse uno mismo?

O digamos que en vez de ir a una entrevista, va a pasarse el día reclutando, ya sean prospectos para los negocios, obreros ministeriales, o personas para jugar en su equipo de béisbol. ¿Qué destreza le haría falta como reclutador? ¿Discernimiento? ¿Ojo para el talento? ¿La habilidad para explicar una visión y emocionar a las personas? ¿O quizás sería la capacidad para ser firme en las negociaciones?

Mejor aun, digamos que hoy su trabajo es suplirle nuevas ideas a su organización. ¿Qué cualidades necesitaría? ¿Creatividad?

¿Inteligencia? ¿Mejor educación? ¿Cuál es la habilidad principal que necesitaría?

Sin importar cuál de esas tres tareas asumiera hoy, requeriría una destreza por encima del resto, más que el talento, el discernimiento o el encanto. La que todos los grandes líderes reconocen como algo indispensable en su habilidad para influenciar a otros y tener éxito. La habilidad de escuchar.

No todo el mundo se apresta a aprender la lección de la importancia de escuchar. Tome, por ejemplo, la experiencia de Jim:

Acabado de graduar de la escuela de ingeniería de la Universidad Purdue, comencé en el medio ambiente corporativo en McDonnell-Douglas en donde había unos 40,000 empleados. Trabajaba en el grupo de diseño avanzado para el DC-10, haciendo análisis de túneles de viento y simulacros computarizados sobre el funcionamiento del avión.

No me tomó mucho tiempo percatarme de que no iba a estar allí durante toda mi carrera. Algunos de los muchachos con los que trabajé llevaban allí dos décadas, y para ellos nada había cambiado durante ese tiempo. Estaban en un patrón de espera, aguardando el reloj de oro; pero yo quería tener un impacto mayor en mi mundo.

Entonces fue que empecé a buscar otras oportunidades de negocios, y cuando encontré la correcta, comencé a tratar de reclutar a otros para se me unieran. En ese entonces mi estrategia era reunirme con personas en la cafetería de los empleados. Luego de esperar en fila para recoger mi almuerzo, buscaba un asiento al lado de algún tipo que luciera bien y estuviera sentado solo, y comenzaba a charlar con él. A la primera oportunidad que tenía, lo bombardeaba con información y trataba de convencerlo con datos impresionantes y una lógica irrefutable. Me las arreglé para intimidar a unos cuantos con el poder de mis convicciones, pero no pude edificar una relación constructiva con nadie.

Estuve haciendo eso durante varios meses, con poco éxito, cuando un día estaba simplemente hablando con un tipo de otro departamento. Me contaba de las frustraciones que tenía con su jefe y sobre algunos problemas que tenía en su hogar. Acababa de enterarse de que su hijo necesitaba frenos para los dientes, su vieja chatarra de auto ya estaba en las últimas, y no estaba seguro de que iba a poder lidiar con todo. Realmente me apené por él, y quise conocerlo mejor. Entonces de pronto me percaté de que podía ayudarlo. Se sentía indefenso en el trabajo, y tenía problemas financieros, dos cosas que podían resolverse si tenía su propio negocio. Así que comencé a contarle acerca de mi negocio y explicarle cómo podría solucionar algunos de sus problemas. Me sorprendí al ver que estaba verdaderamente interesado.

Ese día me golpeó: *¡Qué idiota he sido! No puedo tener éxito con los demás tirándoles información. Si quiero ayudarles o impactarles positivamente, ¡necesito aprender a escucharlos!*

El valor de escuchar

Edgar Watson Howe bromeó en una ocasión: «Ningún hombre le escucharía hablar de no saber que luego tendrá su turno». Por desgracia, eso describe precisamente la manera en la que muchas personas utilizan la comunicación: están demasiado ocupados esperando su turno para escuchar verdaderamente a los demás. Pero las personas de influencia entienden el increíble valor de convertirse en un buen oyente. Por ejemplo, cuando Lyndon B. Johnson era un joven senador de Texas, mantenía un cartel en su oficina que decía: «No aprendes nada cuando eres el único que habla».

La habilidad de escuchar de manera diestra es una clave para lograr influenciar a otros. Presentamos para su consideración algunos de los beneficios que hemos encontrado sobre la habilidad de escuchar:

Escuchar exhibe respeto

La psicóloga Joyce Brothers afirmó: «Escuchar, no imitar, podría ser la forma más sincera de adular». Cuando usted no le presta atención a lo que otros tienen que decir, les está diciendo que no los valora. Sin embargo, cuando les escucha, les está comunicando que les respeta. Aun más, les muestra que está interesado.

Un error que las personas cometen con frecuencia al comunicarse es esforzarse mucho en impresionar a la otra persona. Intentan aparentar ser inteligentes, cómicos o entretenidos. Pero si desea relacionarse bien con los demás, tiene que estar dispuesto a enfocarse en lo que ellos tienen para ofrecer. Impresiónese e interésese, no sea impresionante e interesante. El poeta y filósofo Ralph Waldo Emerson reconoció: «Cada hombre que conozco es en cierta medida mi superior, y puedo aprender de él». Recuerde eso y escuche, y las líneas de comunicación realmente se abrirán.

Escuchar construye relaciones

Dale Carnegie, autor de *Cómo ganar amigos e influir sobre las personas*, aconsejó: «Puede ganar más amigos en dos semanas, convirtiéndose en buen oyente, que en dos años tratando de hacer que otros se interesen en usted». Carnegie tenía un increíble don para las relaciones. Reconoció que las personas enfocadas en sí mismas y que todo el tiempo hablan sobre ellos y sus intereses raras veces desarrollan relaciones fuertes con otros.

Al convertirse en un buen oyente, puede conectarse con otros a más niveles y desarrollar relaciones más fuertes y profundas porque satisface una necesidad. El autor C. Neil Strait indicó que «todo el mundo necesita a alguien que realmente lo escuche». Cuando uno se convierte en ese oyente importante, ayuda a esa persona y da un paso significativo para convertirse en una persona de influencia en su vida.

ESCUCHAR AUMENTA EL CONOCIMIENTO

Wilson Mizner dijo: «Un buen oyente no solo es popular en todas partes, sino que después de un tiempo sabe algo». Sorprende cuánto puede aprender de sus amistades y familia, su trabajo, la organización en la cual trabaja, y usted mismo al decidirse a escuchar verdaderamente a los demás. Pero no todos se sintonizan con este beneficio. Por ejemplo, escuchamos un relato sobre un jugador profesional de tenis que le daba una lección a un estudiante nuevo. Luego de ver al novicio golpear la pelota varias veces, el profesional lo detuvo y le sugirió maneras en las cuales podía mejorar su técnica. Cada vez que lo hacía, el estudiante lo interrumpía y le ofrecía su opinión respecto al problema y cómo debía solucionarse. Luego de varias interrupciones, el profesional comenzó a asentir con su cabeza.

Cuando la lección terminó, una mujer que observaba le dijo al profesional: «¿Por qué estuvo de acuerdo con las estúpidas sugerencias de ese hombre arrogante?».

El profesional se sonrió y respondió: «Hace tiempo que aprendí que es una pérdida de tiempo intentar venderle respuestas verdaderas a alguien que simplemente desea comprar ecos».

Tenga cuidado y no se ubique en una posición en donde piense que conoce todas las respuestas. Siempre que lo haga, estará en peligro. Es casi imposible creerse «el experto» y continuar creciendo y aprendiendo al mismo tiempo. Todos los grandes aprendices son grandes oyentes.

Un problema común de las personas, a medida que adquieren más autoridad, es que muchas veces escuchan menos y menos, sobre todo a los que les reportan. Aunque es cierto que mientras más uno asciende, menos se le requiere escuchar a otros, también es cierto que aumenta su necesidad de tener buenas destrezas auditivas. Mientras más se aparta del frente de batalla, más tiene que depender de los demás para obtener información confiable. Solo si desarrolla buenas destrezas auditivas temprano, y continúa utilizándolas, podrá reunir la información que necesita para tener éxito.

Mientras avanza en la vida y llega a tener más éxito, no pierda de vista su necesidad de seguir creciendo y mejorándose. Recuerde, un oído sordo es evidencia de una mente cerrada.

Escuchar genera ideas

Las ideas frescas e innovadoras nos ayudan a encontrar nuevas maneras de solucionar viejos problemas, para generar nuevos productos y procesos que mantengan creciendo a nuestras organizaciones, y para continuar creciendo y mejorándonos a nivel personal. Plutarco, de la antigua Grecia, afirmó: «Aprenda cómo escuchar, y se beneficiará hasta de aquellos que hablan mal».

Cuando pensamos en compañías innovadoras que jamás parecen quedarse sin ideas, inmediatamente pienso en 3M. Esa compañía parece desarrollar nuevos productos más rápido que cualquier otro fabricante. La organización tiene la reputación de ser receptiva a las ideas de los empleados y a escuchar a los clientes. De hecho, un representante de 3M dijo en una ocasión que el recurso número uno de ideas para productos son las quejas de los clientes.

Las buenas compañías tienen la reputación de escuchar a su gente. Los restaurantes Chili's, una de las cadenas de restaurantes mejor administradas de la nación según la revista Restaurants and Institutions [Restaurantes e instituciones], también son conocidos por esa cualidad. Casi ochenta por ciento de su menú proviene de sugerencias de los gerentes de unidades.

Un buen consejo para las compañías también lo es para los individuos. Cuando uno escucha coherentemente a otros, jamás sufre por no tener ideas. A las personas les encanta contribuir, sobre todo cuando su líder los hace partícipes del crédito. Si les da oportunidades para que expresen sus pensamientos, y los escucha con receptividad, siempre habrá un flujo de ideas nuevas. Y aunque oiga algunas poco útiles, escucharlas simplemente puede encender otros pensamientos creativos en usted y en los demás. Jamás sabrá cuán cerca está de una idea millonaria a menos que esté dispuesto a escuchar.

Escuchar edifica la lealtad

Algo gracioso sucede cuando uno no suele oír a la gente. Ellos encontrarán a otros que lo hagan. Cuando los empleados, cónyuges, colegas, niños o amistades no creen que los están escuchando, van a buscar a otros que les den lo que desean. Algunas veces las consecuencias pueden ser desastrosas: el final de una amistad, la falta de autoridad en el trabajo, la reducción de la influencia paternal o el rompimiento de un matrimonio.

Por otro lado, practicar buenas destrezas auditivas atrae a las personas hacia usted. Y si escucha coherentemente a otros, valorándolos por lo que tienen que ofrecer, es probable que desarrollen una gran lealtad hacia usted, aun cuando su autoridad con ellos sea informal o extraoficial.

Escuchar es una gran manera de ayudar a otros y a sí mismo

Roger G. Imhoff exhortó: «Permita que otros confíen en usted. Es posible que eso no le ayude, pero ciertamente les ayudará a ellos». A primera vista, escuchar a los demás parecerá que solo les beneficia a ellos. Pero cuando usted se convierte en un buen oyente, se ubica donde usted mismo puede ayudarse porque adquiere la habilidad de desarrollar relaciones fuertes, reunir información valiosa, y aumentar su entendimiento de otros y de sí mismo.

Obstáculos comunes para saber escuchar

Poca gente alcanza su potencial en lo que se refiere a escuchar. Si no es tan diestro escuchando como quisiera, lo primero que tiene que hacer es mejorar su habilidad para detectar los obstáculos comunes para saber escuchar:

Exagerar el valor de hablar

En cierta ocasión, un cómico describió el escuchar como algo «compuesto de las rudas interrupciones entre mis exclamaciones».

La actitud de muchos en lo que respecta a escuchar concuerda con esa declaración más de lo que quisieran reconocer. Por ejemplo, si les preguntara a seis personas cómo mejorarían sus destrezas de comunicación, la mayoría describiría la necesidad de llegar a ser más convincente o agudizar sus destrezas de oratoria. Pocos citarían el deseo de escuchar mejor.

La mayoría de las personas exagera el valor de hablar y menosprecia el escuchar, aun aquellos en trabajos relacionados con personas, como las ventas. Pero la verdad es que la comunicación efectiva no es la persuasión; es escuchar. Piense en ello: nadie jamás perdió una venta por escuchar.

Los buenos comunicadores saben cómo vigilar la proporción entre hablar y escuchar. El presidente Abraham Lincoln, considerado como uno de los líderes y comunicadores más efectivos en la historia de nuestra nación, dijo: «Cuando me estoy preparando para razonar con un hombre, me paso un tercio de mi tiempo pensando en mí y lo que voy a decir, y dos tercios pensando en él y lo que va a decir». Esa es una buena proporción para seguir. Escuche el doble de lo que hable.

Falta de enfoque

Para algunos, especialmente los que tienen mucha energía, detenerse lo suficiente como para escuchar puede ser desafiante. La mayoría de las personas tiende a hablar unas 180 palabras por minuto, pero pueden escuchar unas 300 a 500 palabras por minuto. Esa disparidad puede crear tensión y hacer que el oyente se desenfoque. La mayoría de las personas tratan de llenar esa brecha en la comunicación buscando otras cosas qué hacer, como soñar despierto, pensar en su itinerario diario o repasar mentalmente su lista de cosas por hacer.

Sin embargo, si desea convertirse en mejor oyente, necesita aprender a dirigir esa energía y atención positivamente concentrándose en la persona con quien está. Observe el lenguaje corporal. Mire los cambios en la expresión facial. Mire los ojos de la persona. El experto en administración Peter Drucker señaló:

«Lo más importante en la comunicación es escuchar lo que no se ha dicho». Si gasta su energía adicional observando a la persona minuciosamente e interpretando lo que dice, sus destrezas para escuchar mejorarán en forma dramática.

La fatiga mental

El expresidente Ronald Reagan contó un relato gracioso de dos psiquiatras, uno anciano y otro joven. Todos los días llegaban al trabajo vestidos inmaculadamente y alertas, pero al final del día, el más joven estaba agotado y desaliñado mientras que el mayor estaba tan fresco como nunca.

—¿Cómo haces? —Le preguntó finalmente el psiquiatra más joven a su colega—. Siempre estás tan fresco luego de escuchar pacientes todo el día.

—Es fácil. Jamás escucho —replicó el otro.[1]

Siempre que escuche a otros durante extensos períodos de tiempo, el efecto puede ser fatigador. Cualquier tipo de fatiga mental puede afectar negativamente su habilidad para escuchar.

Si está cansado de enfrentar circunstancias difíciles, recuerde que para seguir siendo un líder efectivo, tiene que desenterrar más energía, concentrarse y continuar enfocado.

Los estereotipos

Estereotipar a otros puede ser una enorme barrera para escuchar. Tiende a hacer que escuchemos lo que esperamos en lugar de lo que dice el otro realmente. La mayoría de nosotros piensa que no caemos en esta trampa, pero en cierta medida todos lo hacemos. Lea la siguiente lista cómica de quebrantadores de estereotipos de un fragmento llamado «Cosas que me gustaría escuchar, pero no las oigo» creada por David Grimes. Si jamás espera escuchar ninguna de estas cosas de las personas nombradas, entonces puede ser culpable de estereotipar:

De mi mecánico automotriz:

«Esa pieza es mucho más barata de lo que pensé».

«Puede reparar eso por mucho menos dinero en el taller que sigue».

«Simplemente era un cable suelto. No cuesta nada».

De un dependiente:

«La caja registradora computarizada no está funcionando. Simplemente voy a sumar sus compras con lápiz y papel».

«Voy a tomar mi receso después que termine de atender estos clientes».

«Lamento haberle vendido mercancía defectuosa. Vamos a recogerla en su hogar y traerle una nueva o devolverle el dinero, lo que prefiera».

Del dentista:

«Creo que está usando demasiado el hilo dental».

«No le preguntaré nada hasta que le saque el palillo de la boca».

De un camarero:

«Creo que es presuntuoso que un camarero ofrezca su nombre, pero ya que lo pregunta, me llamo Tim».

«Fui lento y poco atento. No puedo aceptar su propina».[2]

Estas declaraciones son ingeniosas y también son un recordatorio de que es mala idea estereotipar a los demás. Siempre que trata a las personas estrictamente como miembros de un grupo en vez de individuos, puede meterse en problemas. Si habla con ellos y piensa que son chiflados de la informática, típicos adolescentes, rubias bobas, el tipo de ingeniero estirado, o algún otro representante de un grupo, en vez de personas individuales, cuídese. Es posible que realmente no esté escuchando lo que tengan que decir.

LA CARGA EMOCIONAL PERSONAL

Casi todo el mundo tiene filtros emocionales que le impiden escuchar ciertas cosas que los demás tienen que decir. Sus experiencias pasadas, tanto positivas como negativas, colorean la manera en la que usted ve la vida y moldea sus expectativas. Y las que son particularmente difíciles, como los traumas o incidentes de la niñez, pueden hacer que tienda a reaccionar de la misma manera siempre que se perciba en una situación parecida. Como dijera Mark Twain en una ocasión: «Un gato que se sienta en una estufa caliente jamás volverá a sentarse en una así. Tampoco se sentará en una fría. De ahí en adelante, a ese gato simplemente no le gustarán las estufas».

Si nunca ha lidiado con sus difíciles experiencias emocionales, es posible que filtre lo que otros digan según esas experiencias. Si anda preocupado con ciertos temas, si uno en particular lo pone a la defensiva, o si frecuentemente proyecta su punto de vista en otros, es probable que tenga que resolver sus asuntos antes de que pueda convertirse en un líder efectivo.

EL EGOCENTRISMO

Tal vez el obstáculo más formidable para escuchar es la obsesión consigo mismo. Hace muchos años vimos una escena en la televisión que ilustra este punto muy bien. Un esposo miraba la televisión, y su esposa trataba de involucrarlo en una conversación:

ESPOSA: Querido, el plomero no pudo llegar a tiempo para reparar la gotera en el calentador.
ESPOSO: Ajá.

ESPOSA: Así que la tubería estalló y se inundó el sótano.

ESPOSO: Cállate. Está por terminar la jugada y van a anotar.

ESPOSA: Parte del alambrado se mojó y Tribilín casi se electrocutó.

ESPOSO: Oh, no, hay un hombre disponible. ¡Tírala! Gol.

ESPOSA: El veterinario dice que se mejorará en una semana.

ESPOSO: ¿Puedes darme algo de comer?

ESPOSA: El plomero al fin vino y se alegró porque como nuestra tubería se rompió ahora puede costearse las vacaciones.

ESPOSO: ¿Acaso no oyes? ¡Dije que tenía hambre!

ESPOSA: Y, Javier, te voy a dejar. El plomero y yo vamos a volar a Acapulco por la mañana.

ESPOSO: ¿Puedes dejarte de habladurías y darme algo de comer? Aquí el problema es que nunca nadie me escucha.

Si no le importa nadie más que usted, no escuchará a los demás. Lo irónico es que cuando no escucha, el daño que se hace definitivamente es mayor que el que les hace a ellos.

Cómo desarrollar sus destrezas para escuchar

Según Brian Adams, autor de *Sales Cybernetics* [Ventas cibernéticas], durante un día común y corriente, nos pasamos la mayor parte del tiempo escuchando. Él ofrece las siguientes estadísticas:

Nueve por ciento del día se gasta escribiendo
Dieciséis por ciento del día se usa leyendo

Treinta por ciento del día se lo pasa hablando

Cuarenta y cinco por ciento del día se pasa escuchando.[3]

Así que probablemente concuerde con que escuchar es importante. Pero, ¿qué significa escuchar? Oímos un relato acerca de una clase de apreciación musical en una escuela secundaria que provee una respuesta significativa a esa pregunta. El maestro de la clase pidió que un voluntario explicara la diferencia entre escuchar y oír. Al principio nadie quiso responder, pero finalmente, un estudiante levantó su mano. Cuando el maestro lo llamó, él dijo: «Escuchar es desear oír».

Esa respuesta es un buen punto de arranque. Para convertirse en un buen oyente, tiene que desear oír. Aunque también necesita algunas destrezas para lograrlo. He aquí nueve sugerencias para ayudarlo a convertirse en un buen oyente:

1. MIRE AL QUE HABLA

Todo el proceso de escuchar comienza prestándole toda su atención a la otra persona. Mientras interactúa con alguien, no trate de ponerse al día con otro trabajo, no mueva papeles, no limpie los platos, ni mire televisión. Separe tiempo para enfocarse solamente en la otra persona. De no tener el tiempo en ese momento, entonces prográmelo tan pronto como pueda.

2. NO INTERRUMPA

La mayoría de la gente reacciona de mala manera cuando les interrumpen. Esto les hace sentir que les han faltado el respeto. Según Robert L. Montgomery, autor de *Listening Made Easy* [Cómo escuchar más fácilmente]: «Es tan grosero pisotear las ideas de las personas como lo es pisotearles los dedos de los pies».

Aquellos que tienden a interrumpir a otros generalmente lo hacen por una de estas razones:

- No valoran lo suficiente lo que la otra persona tiene que decir.
- Quieren impresionar a otros mostrando cuán inteligentes o intuitivos son.
- Están demasiado emocionados con la conversación como para permitir que los demás terminen de hablar.

Si tiene la costumbre de interrumpir a otras personas, examine sus motivaciones y determine realizar un cambio. Deles a los demás el tiempo que necesitan para expresarse y no crea que uno de ustedes tiene que estar hablando todo el tiempo. Los períodos de silencio le dan la oportunidad de reflexionar en lo que se dice para poder responder apropiadamente.

3. Concéntrese en entender

¿Se ha percatado de cuán rápidamente la mayoría de las personas se olvidan de las cosas que escuchan? Los estudios en instituciones como Michigan State, Ohio State, Florida State y la Universidad de Minnesota indican que la mayoría de los individuos solo puede recordar un cincuenta por ciento de lo que escucha inmediatamente después de oírlo. Y a medida que pasa el tiempo, su habilidad para recordar continúa disminuyendo. Para el día siguiente, su retentiva usualmente disminuye a más o menos veinticinco por ciento.

Una manera de combatir esa tendencia es hacer que su meta sea entender en vez de meramente recordar datos. Herb Cohen, abogado, conferencista y autor, enfatizó que: «Escuchar efectivamente requiere más que oír las palabras trasmitidas. Demanda que encuentre significado y entendimiento en lo que se dice. Después de todo, los significados no están en las palabras sino en las personas».

Para aumentar su entendimiento de otros a medida que escucha, siga estas directrices ofrecidas por Eric Allenbaugh:

1. Escuche con el corazón y la cabeza conectados.
2. Escuche con la intención de entender.
3. Escuche el mensaje y el mensaje detrás del mensaje.
4. Escuche tanto el contenido como los sentimientos.
5. Escuche con sus ojos y mejorará su habilidad para escuchar.
6. Escuche los intereses de los demás, no solo su posición.
7. Escuche lo que están diciendo y lo que no están diciendo.
8. Escuche con empatía y aceptación.
9. Escuche las áreas que los atemorizan y los hieren.
10. Escuche como quisiera ser escuchado.[4]

A medida que aprenda a ponerse en el lugar de otra persona, aumentará su habilidad para entender; y mientras mejor sea su habilidad para entender, se convertirá en un mejor oyente.

4. DETERMINE LA NECESIDAD AL MOMENTO

La habilidad para discernir al momento la necesidad de la otra persona es importante para convertirse en un oyente efectivo. Las personas hablan por razones muy diferentes: para recibir consuelo, para desahogarse, para persuadir, para informar, para ser comprendidas, o para aliviar el nerviosismo. Muchas veces le hablan por razones que no se ajustan a sus expectativas.

Muchos hombres y mujeres experimentan conflictos entre sí porque ocasionalmente se comunican con fines opuestos. Se descuidan en determinar cuál es la necesidad de la otra persona en el momento de interactuar. Los hombres casi siempre desean solucionar todos los problemas que discuten; su necesidad es la resolución. Por otra parte, es más probable que las mujeres hablen de un problema simplemente para comunicarlo; muchas veces no piden ni desean soluciones. Cada vez que pueda determinar la necesidad del momento de las personas con quienes se comunica, podrá ubicar lo que digan en el contexto apropiado, y podrá entenderles mejor.

5. Examine sus emociones

Como ya mencionamos, la mayoría de las personas tiene cargas emocionales que los llevan a reaccionar ante ciertas personas o situaciones. Siempre que se emocione demasiado al escuchar a otra persona, examine sus emociones, sobre todo si su reacción parece ser más fuerte de lo que la situación exige. Usted no quiere tomar desprevenido a alguien con su desahogo. Además, aunque sus reacciones no se deban a un suceso del pasado, siempre debe dejar que otros terminen de explicar sus puntos de vista, ideas o convicciones antes de ofrecer las suyas.

6. Suspenda su juicio

¿Alguna vez ha comenzado a escuchar a otra persona contar un relato y ha empezado a responder antes de que termine? Casi todo el mundo lo hace, pero lo cierto es que uno no puede asumir conclusiones y ser un buen oyente al mismo tiempo. Mientras habla con otros, espere a escuchar todo el relato antes de responder. Si no lo hace, podría obviar lo más importante que quería decir.

7. Resuma en los principales intervalos

Los expertos concuerdan que escuchar es más efectivo cuando es activo. John H. Melchinger sugiere: «Comente acerca de lo que escucha, e individualice sus comentarios. Por ejemplo, puede decir, "Amarilis, eso obviamente es muy importante para ti". Lo mantendrá en su curso como oyente. Vaya más allá del simple "eso es interesante". Si se entrena a comentar de forma significativa, el que habla sabrá que está escuchando y podría ofrecer más información».

Una técnica para escuchar de manera activa es resumir lo que la otra persona dice en los intervalos principales. Mientras el que habla termina un tema, parafrasee sus puntos principales o ideas antes de continuar al próximo, y verifique que obtuvo el mensaje correcto. Hacer eso reafirma a la persona y le ayuda a mantenerse enfocado en lo que está tratando de comunicar.

8. HAGA PREGUNTAS ACLARATORIAS

¿Ha notado que los principales reporteros son excelentes oyentes? Tomemos a alguien como Bárbara Walters, por ejemplo. Ella mira al individuo que habla, se concentra en entender, suspende el juicio y resume lo que la persona tiene que decir. Los demás confían en ella y parecen estar dispuestos a contarle prácticamente todo. Pero ella practica otra destreza que la ayuda a reunir más información y aumentar su entendimiento de la persona que entrevista. Hace buenas preguntas.

Si desea convertirse en un oyente efectivo, conviértase en un buen reportero, no del tipo que le espeta un micrófono en la cara a la gente gritando preguntas, sino uno que gentilmente hace preguntas para darle seguimiento al asunto y aclararlo. Si le muestra a las personas cuán interesado está y hace las preguntas sin intimidar, se sorprenderá de cuánto le dirán.

9. QUE SU PRIORIDAD SEA ESCUCHAR

Lo último que debe recordar al desarrollar sus destrezas auditivas es convertir esto en una prioridad, sin importar cuán ocupado esté o cuánto haya avanzado en su organización. Un sorprendente ejemplo de un ejecutivo que separó tiempo para escuchar fue el difunto Sam Walton, fundador de Wal-Mart y uno de los hombres más adinerados de Estados Unidos. Creía en escuchar a las personas, especialmente sus empleados. Una vez voló en su avión a Monte Pleasant, Texas, aterrizó y le dijo a su copiloto que se encontrara con él a unos 161 kilómetros más adelante en el camino. Entonces se montó en un camión de Wal-Mart, el resto del camino, solo para charlar con el conductor. Para todos nosotros escuchar debería tener esa importancia.

En nuestras carreras, hemos hablado frente a muchísimas personas. Entre nosotros dos, les hablamos a varios miles de personas al año. Nancy, la esposa de Jim, dicta muchas charlas, y créanos, ¡lo hace muy bien! Sin embargo, también es una maravillosa oyente y en sus charlas algunas veces habla sobre la comunicación y la importancia de escuchar. En una ocasión, ofreció una charla sobre la destreza de escuchar que enfatizaba en darles a los demás el beneficio de la duda y tratar de ver las cosas desde su punto de vista.

Ese día, en la audiencia, estaba un hombre llamado Rodney. Aunque estaba felizmente casado y tenía un hijo pequeño, había estado casado anteriormente y tenía dos hijas con su primera esposa. Y estaba teniendo problemas con ella. Constantemente lo llamaba y le pedía más dinero para ella y las niñas. Discutían con frecuencia, ella lo estaba enloqueciendo al punto de que ya había contratado a un abogado y estaba preparado para demandarla.

Pero cuando ese día Rodney escuchó a Nancy hablar sobre escuchar, se percató de cuán insensible había sido con su exesposa Charlotte. Un par de días después, la llamó y le preguntó si podían reunirse. Ella sospechaba de Rodney y hasta le pidió a su abogado que lo llamara para averiguar sus intenciones. A la larga, Rodney los convenció de que simplemente deseaba hablar, y al fin, Charlotte accedió a verlo.

Se reunieron en una cafetería, y Rodney dijo:

—Charlotte, quiero escucharte. Dime cómo está tu vida. Tú y las niñas realmente me interesan.

—No creía que estuvieras interesado en ellas —dijo mientras comenzaba a sollozar.

—Sí lo estoy —dijo—. Lo siento. Solo he pensado en mí, y no en ti. Por favor perdóname.

—¿Por qué estás haciendo esto? —preguntó ella.

—Porque quiero enderezar las cosas —respondió—. He estado tan enojado por tanto tiempo que no podía entender bien. Ahora, dime cómo te va a ti y a las niñas.

Por un rato, Charlotte solamente podía sollozar. Entonces empezó a contarle de sus luchas como madre soltera y cómo se esforzaba lo mejor posible por criar a las niñas, pero que no parecía suficiente. Hablaron por horas, y mientras lo hacían, se formó el comienzo de un nuevo fundamento de respeto mutuo. Con algo de tiempo, creen que pueden volver a ser amigos.

Rodney quizá no está solo. ¿Puede pensar en personas a quienes no ha escuchado últimamente? Y, ¿qué está haciendo para solucionarlo? Jamás es demasiado tarde para convertirse en un buen oyente. Puede cambiar su vida, y las vidas de los que están a su alrededor.

Puntos para verificar la influencia

Escuche a las personas

- **Mida sus destrezas para escuchar.** Que alguien que lo conozca bien use las siguientes preguntas para evaluar sus destrezas para escuchar según las nueve cualidades del buen oír discutidas en este capítulo. Pídale que explique cualquier respuesta *negativa* y no interrumpa ni se defienda mientras recibe la explicación.

  1. ¿Usualmente miro a quien me habla mientras lo hace?
  2. ¿Espero que quien habla termine antes de responder?
  3. ¿Hago que mi meta sea la comprensión?
  4. ¿Soy sensible a la necesidad inmediata del que habla?
  5. ¿Practico la evaluación de mis emociones?
  6. ¿Suspendo regularmente mi juicio hasta tener toda la historia?
  7. ¿Practico el resumen de lo que la persona que habla dice en intervalos importantes?
  8. ¿Hago preguntas aclaratorias cuando son necesarias?
  9. ¿Les comunico a los demás que escuchar es algo prioritario?

- **Estrategias para mejorar.** Basado en las respuestas recibidas, anote tres maneras en las que pudiera mejorar sus destrezas para escuchar:

  1. _____
  2. _____
  3. _____

  Comprométase a concretar esas mejorías en las siguientes semanas.

- **Planifique un momento para escuchar.** Esta semana, haga una cita con la persona más importante en su vida, y planifique invertir juntos una hora solamente comunicándose. Préstele a esa persona toda su atención, e invierta al menos dos tercios del tiempo simplemente escuchándola.

5

UNA PERSONA DE INFLUENCIA ES... UN ENTENDEDOR DE LAS PERSONAS

La otra noche durante la cena, estábamos conversando y comenzamos a explorar algunas interrogantes. ¿Cómo una persona levanta una organización? ¿Qué se necesita? ¿Cuál es la clave para tener éxito? Por ejemplo, ¿qué hizo falta para que alguien como Jim lograra una organización de negocios activa en docenas de países y que impacta la vida de cientos de miles de personas? O en el caso de John, ¿qué se requirió para triplicar el tamaño de su iglesia, convirtiéndola en la más grande de su denominación, en aquel momento?

No importa si su negocio es crear programas de computación, vender libros, servir comida en un restaurante, construir casas o diseñar aviones. La clave para el éxito es entender a la gente. Jim dice:

Yo no soy como John. No crecí orientado hacia las personas. Él tomó cursos de Dale Carnegie mientras aún estaba en la escuela secundaria y salió a la universidad seguro de que trabajaría en algo relacionado con la gente. Yo fui a la Universidad Purdue y estudié ingeniería aeronáutica. Cuando terminé mi licenciatura, pensaba que había dos claves para el éxito en cualquier trabajo: destrezas técnicas y trabajo arduo. Jamás se me ocurrió que las habilidades humanas tuvieran algún valor.

Comencé en mi primer empleo listo para trabajar y repleto de conocimiento técnico. Purdue me había dado una educación de primera, y siempre creí en trabajar duro. Pero no me tomó mucho tiempo percatarme de que el éxito en los negocios reside en poder trabajar con las personas. Es más, todo en la vida es lidiar con gente. Descubrí que eso es válido no solo profesionalmente, como ingeniero, consultor o empresario, sino en cada aspecto de la vida, ya fuera interactuando con mi familia, trabajando con uno de los maestros de los niños o confraternizando con los amigos.

Si uno no puede entender a las personas y trabajar con ellas, no logra nada, y ciertamente no puede convertirse en una persona de influencia.

Entender a las personas paga grandes dividendos

En *Climbing the Executive Ladder* [Cómo trepar la escalera ejecutiva], los autores George Kienzle y Edward Dare dicen: «Pocas cosas le pagarán mayores dividendos que el tiempo y el esfuerzo que invierta en entender a las personas. Casi nada le añadirá más a su estatura como ejecutivo y como persona. Nada le proveerá mayor satisfacción ni le dará más felicidad».

Entender a las personas ciertamente impacta su habilidad de comunicarse. David Burns, médico y profesor de psiquiatría en la Universidad de Pensilvania, comentó: «El mayor error que uno puede cometer al tratar de hablar convincentemente es destacar las ideas y sentimientos que expresa. Lo que la mayoría de las personas realmente desean es que las escuchen, respeten y comprendan. Al momento que se sienten comprendidas, se motivan más a entender su punto de vista». Si puede aprender a entender cómo piensan, lo que sienten, qué los inspira, cómo es probable que actúen y reaccionen en una situación dada, entonces podrá motivarlos e influenciarlos de manera positiva.

POR QUÉ LAS PERSONAS NO ENTIENDEN A LOS DEMÁS

No entender a otros es una fuente periódica de tensión en nuestra sociedad. Una vez escuchamos a un abogado decir: «La mitad de las controversias y conflictos que surgen entre las personas son causadas por no entenderse entre sí, y no por las diferencias de opinión ni la incapacidad para concordar». Si pudiéramos reducir la cantidad de malentendidos, las cortes no estuvieran tan atiborradas, habría menos crímenes violentos, el promedio de divorcio bajaría, y la cantidad de tensión diaria que la mayoría de la gente experimenta disminuiría en forma dramática.

Si entender es un recurso tan valioso, ¿por qué no hay más personas que lo practiquen? Son muchas las razones:

TEMOR

El colono estadounidense del siglo diecisiete William Penn, aconsejó: «No desprecie ni se oponga a lo que no entiende»; sin embargo, muchos parecen hacer exactamente lo contrario. Cuando no entienden a otros, muchas veces reaccionan atemorizándose. Cuando eso sucede, es raro que traten de sobreponerse a su temor para aprender más acerca de ellos. Se convierte en un círculo vicioso.

Lamentablemente, cuando los empleados reaccionan ante sus líderes en los trabajos, el temor es evidente. Los trabajadores temen a sus supervisores y estos son intimidados por los geren-tes. Ambos grupos, con frecuencia, temen a los ejecutivos. Esa situación produce sospecha, falta de comunicación y reduce la productividad. Por ejemplo, según el Dr. M. Michael Markowich, exvicepresidente de recursos humanos en United Hospitals, Inc., los empleados están renuentes a proponer ideas. He aquí algunas razones:

- Creen que sus ideas serán rechazadas.
- Sienten que a sus compañeros no les agradarán las ideas.
- Piensan que no obtendrán crédito si las ideas resultan.
- Temen que el jefe se sienta amenazado por sus ideas.
- Se preocupan porque los califiquen de problemáticos.
- Temen perder sus empleos si sugieren ideas que no dan resultado.[1]

El tema común en todas esas razones es el temor. No obstan-te, en un ambiente laboral saludable, si usted les da el beneficio de la duda a los demás, y reemplaza el temor con el entendimien-to, todos pueden trabajar juntos de manera positiva. Lo único que las personas tienen que hacer es seguir el consejo del presi-dente Harry Truman, que afirmó: «Cuando comprendemos el punto de vista de otra persona, lo que está tratando de hacer, nueve de cada diez veces está tratando de hacer lo correcto».

EGOCENTRISMO

Aunque el temor no es una piedra de tropiezo para el enten-dimiento, el egocentrismo muchas veces sí lo es. Alguien señaló: «Hay dos lados para cada pregunta, siempre y cuando no nos afecte personalmente». Así piensan muchos. No todo el mundo es egocéntrico a propósito; simplemente, es natural que las per-sonas piensen primero en sus intereses. Si desea ver un ejemplo de eso, juegue con un niño de dos años. Seguro que elegirá los mejores juguetes para sí e insistirá en lo que le guste.

Una manera de sobreponernos a nuestro egocentrismo natural es tratar de ver las cosas desde la perspectiva de los demás. Hablando a un grupo de vendedores, Art Mortell, refirió esta experiencia: «Siempre que voy perdiendo en el ajedrez, me levanto, me paro tras mi oponente, y veo el tablero desde su puesto. Entonces comienzo a descubrir las movidas tontas que hice porque puedo ver desde su punto de vista. El reto del vendedor es ver al mundo desde el punto de vista del prospecto».[2]

Cambiar su actitud del egocentrismo al entendimiento siempre requiere voluntad y compromiso para tratar de ver las cosas desde el punto de vista de la otra persona.

NO APRECIAR LAS DIFERENCIAS

El próximo paso lógico, después de abandonar el egocentrismo, es aprender a reconocer y respetar las cualidades singulares de todo el mundo. En vez de tratar de moldear a otros a su imagen, aprenda a apreciar sus diferencias. Si alguien tiene un talento que usted no posee, ¡fantástico! Los dos pueden fortalecer sus debilidades mutuas. Si conoce personas que proceden de otra cultura, amplíe sus horizontes y aprenda lo que pueda de ellas. Su nuevo conocimiento lo ayudará a relacionarse no solo con ellos, sino con todos. Celebre las diferencias de temperamento. La variedad produce dinámicas interesantes entre las personas.

Una vez que uno aprende a apreciar las diferencias de las otras personas, se percata de que hay muchas respuestas al liderazgo y a la motivación. Joseph Beck, antiguo presidente de la Corporación Kenley, reconoció esa verdad al decir que una persona de influencia «debe darse cuenta de que las personas son motivadas de maneras distintas. Un buen entrenador de baloncesto, por ejemplo, sabe cuando un jugador necesita ánimo para superarse, o una "patada en el trasero". La diferencia principal es que todos los jugadores necesitan ánimo, y solo algunos requieren una "patada en el trasero"».

No reconocer las similitudes

A medida que aprende más acerca de las personas y llega a conocerlas mejor, pronto comienza a percatarse de que tienen mucho en común. Todos tenemos esperanzas y temores, alegrías y penas, triunfos y problemas. Es probable que la adolescencia sea el tiempo cuando las personas están menos inclinadas a reconocer sus afinidades con los demás. Nos topamos con un relato que ilustra esto:

> Una adolescente le estaba contando a su papá sobre todos sus problemas. Le contó de la terrible presión que enfrentaba, sus conflictos con los amigos, y las dificultades con las materias escolares y los maestros. Tratando de ayudarla a poner todo en perspectiva, le dijo que la vida no era tan tenebrosa como parecía y, en efecto, era probable que gran parte de su preocupación fuera innecesaria.
>
> —Papá, para ti es fácil decir eso —respondió ella—. Ya tienes todos tus problemas resueltos.

Todas las personas tienen una reacción emocional a lo que sucede a su alrededor. Para promover el entendimiento, piense en cuáles serían sus emociones si estuviera en la misma posición que la persona con quien se relaciona en ese momento. Usted sabe qué es lo que quisiera que pasara en una situación en particular. Lo más probable es que la persona con la que trabaja tenga muchos de los mismos sentimientos.

Lo que todos necesitamos entender acerca de las personas

Conocer qué necesitan y desean las personas es la clave para entenderlas. Y si uno puede entenderlas, puede influir en ellas e impactar sus vidas de manera positiva. Si redujéramos todas las cosas que conocemos respecto a entender a los demás, y las resumiéramos a una lista breve, identificaríamos estas cinco cosas:

1. Todo el mundo quiere ser alguien

No hay una persona en el mundo que no desee ser alguien, tener trascendencia. Hasta la menos ambiciosa y modesta desea ser muy estimada por los demás.

John recuerda la primera vez que estos sentimientos fueron agitados con fuerza. Fue cuando estaba en cuarto grado:

Fui a mi primer juego de baloncesto cuando tenía nueve años de edad. Todavía puedo verlo en mi mente. Me paré con mis amigos en el balcón del gimnasio. Lo que mejor recuerdo no es el partido; fue el anuncio de los jugadores que iban a comenzar el partido. Apagaron todas las luces, y encendieron unos focos direccionales. El anunciador pronunció los nombres de los jugadores que iban a comenzar, y salieron, uno por uno, corriendo al centro de la cancha, todos vitoreaban en el sitio.

Me incliné sobre el balcón como un niño de cuarto grado, y afirmé: «¡Vaya! Me gustaría pasar por eso». Es más, cuando terminaron las presentaciones, miré a mi amigo Bobby Wilson, y le dije: «Bobby, cuando llegue a la secundaria, van a anunciar mi nombre, y saldré en medio de la luz al centro de esa cancha de baloncesto. Y la gente va a vitorearme porque voy a ser alguien».

Me fui a la casa esa noche y le dije a mi papá: «Quiero ser un jugador de baloncesto». Poco después, me compró una pelota Spalding y pusimos una canasta en el garaje. Solía palear la nieve de la entrada a la casa para practicar mis tiros libres y jugar baloncesto, porque soñaba convertirme en alguien.

Es gracioso cómo ese tipo de sueño puede impactar su vida. Recuerdo que en sexto grado jugamos baloncesto escolar, y nuestro equipo ganó unos dos partidos, así que fuimos al gimnasio de la calle Old Mill, en Circleville, Ohio, donde vi el juego de baloncesto cuando estaba en cuarto grado. Al llegar allí, en vez de salir a la cancha con el resto de los jugadores mientras calentaban, fui al banco en el que estuvieron aquellos jugadores de secundaria dos años atrás. Me senté exactamente donde ellos se sentaron, y cerré mis ojos (el equivalente a apagar las luces en el gimnasio). Entonces, en mi mente, escuché que anunciaban mi nombre, y salí corriendo al centro de la cancha.

Me sentí tan bien al escuchar ese aplauso imaginario que pensé: *¡Lo haré de nuevo!* Y así lo hice. En efecto, lo hice tres veces, y de pronto me percaté de que mis amigos no estaban jugando baloncesto; simplemente me veían incrédulos. Pero no me importó porque me acerqué un paso más a la persona que soñaba ser.

Todo el mundo desea ser apreciado y estimado por los demás. En otras palabras, todo el mundo quiere ser alguien. Una vez que esa información se convierte en parte de su diario pensar, usted adquiere tremendo conocimiento respecto a por qué las personas hacen lo que hacen. Y si trata a cada persona que conoce como si fuera el sujeto más importante del mundo, le expresará que él o ella es alguien... para usted.

2. A NADIE LE INTERESA CUÁNTO USTED SABE HASTA QUE SABEN CUÁNTO LE IMPORTAN

Para ser una persona de influencia tiene que amar a los demás antes que tratar de dirigirlos. Cuando saben que se interesa y se preocupa por ellos, cambian sus sentimientos hacia usted.

Mostrarles que está interesado en ellas no siempre es sencillo. Sus mejores momentos, y sus recuerdos más queridos, vendrán a raíz de la gente, pero igual ocurrirá con los momentos más trágicos, difíciles y dolorosos. Las personas son sus principales recursos y sus mayores impedimentos. El reto es seguir interesado en ellas sin importar nada.

Nos encontramos con algo llamado «Los mandamientos paradójicos del liderazgo». He aquí lo que dicen:

La gente es ilógica, irrazonable y egocéntrica: ámela de todas maneras.

Si hace el bien, las personas lo acusarán de motivaciones egoístas: hágalo de todos modos.

Si tiene éxito, ganará amistades falsas y verdaderos enemigos: téngalo de todas maneras.

Es posible que mañana olviden el bien que hace hoy: hágalo igual.

La honestidad y la franqueza lo hacen vulnerable: sea honesto y franco de todos modos.

El hombre más grande con ideas gigantes puede ser derribado por el hombre más pequeño con una mente enana: piense en grande de todas maneras.

La gente favorece a los de abajo, pero solo sigue a los de arriba: pelee por los de abajo de todas formas.

Lo que se pasó construyendo por años podría destruirse de un día a otro: construya de todas maneras.

Las personas realmente necesitan ayuda, pero podrían atacarle si lo hace: ayúdelas de igual modo.

Dé lo mejor que tenga al mundo y seguro le patearán en el estómago: dele al mundo lo mejor de usted igualmente.[3]

Si lo mejor es posible, entonces lo bueno no basta.

Si desea ayudar a otros y convertirse en una persona de influencia, siga sonriendo, compartiendo, dando y ofreciendo la otra mejilla. Esa es la manera correcta de tratar a la gente. Además, usted nunca sabe qué personas en su esfera de influencia se levantarán e impactarán su vida y la de los demás.

3. Todos necesitan a alguien

Contrario a la creencia popular, no hay tal cosa como hombres y mujeres que han llegado a donde están por sus propios esfuerzos. Todo el mundo necesita amistad, ánimo y ayuda. Lo que las personas pueden realizar por sí mismas es casi nada comparado con su potencial al trabajar con otros. Salomón, el antiguo rey de Israel, expresó de esta manera el valor de trabajar juntos:

> Mejores son dos que uno; porque tienen mejor paga de su trabajo.
> Porque si cayeren, el uno levantará a su compañero;
> Pero ¡ay del solo! que cuando cayere, no habrá segundo que lo levante.
> También si dos durmieren juntos, se calentarán mutuamente; mas ¿cómo se calentará uno solo?
> Y si alguno prevaleciere contra uno, dos le resistirán; y cordón de tres dobleces no se rompe pronto.[4]

Los que tratan de hacerlo todo solos, muchas veces se meten en líos. Uno de los relatos más extraños que jamás vimos de algo así, es el que redactó, en una hoja de reclamo de una compañía aseguradora, un obrero que se lastimó en cierto lugar de construcción. Intentaba bajar una carga de ladrillos del piso superior de un edificio sin pedir ayuda a nadie. Escribió:

> Habría tomado mucho tiempo bajar todos los ladrillos a mano, así que decidí ponerlos en un barril y bajarlos con una polea que ajusté al tope del edificio. Después de asegurar la soga a nivel del piso, subí a lo más alto del edificio, la até alrededor del barril, lo llené con ladrillos, y lo suspendí sobre la acera para el descenso. Entonces bajé a la acera y desaté la soga, aguantándola con firmeza para bajar el barril lentamente. Pero como solo peso unos sesenta y tres kilos, la carga, con sus 227 kilos, me haló del piso tan rápido que no tuve tiempo para pensar en soltar la soga. Mientras pasaba por el segundo y el tercer piso choqué con el barril que bajaba. Esto explica las magulladuras y laceraciones en la parte superior de mi cuerpo.
>
> Sostuve la soga firmemente hasta que llegué al tope, donde mi mano se atascó con la polea. Eso explica mi pulgar roto.

Sin embargo, al mismo tiempo, el barril golpeó la acera con un estallido y botó la parte inferior. Como se le salió la carga, el barril ahora pesaba solo unos dieciocho kilos. Así que mi cuerpo de unos sesenta y tres kilos comenzó un rápido descenso, y choqué con el barril vacío mientras subía. Esto explica mi tobillo roto.

Detenido solo por un instante, continué el descenso y aterricé sobre la pila de ladrillos. Eso explica mi espalda lesionada y mi clavícula rota.

En ese momento, me desmayé, solté la soga, y el barril vacío me cayó encima. Y eso explica las heridas en mi cabeza.

En cuanto a la última pregunta del formulario: «¿Qué haría si se repitiera la situación?». Por favor entienda que ya no intentaré hacer el trabajo por mí mismo.

Todo el mundo necesita que alguien vaya a su lado y lo ayude. Si entiende eso, y está dispuesto a darles a otros y ayudarlos, así como a mantener las motivaciones correctas, la vida de ellos y la suya podrán cambiar.

4. Toda la gente puede ser alguien cuando alguien la entiende y cree en ella

Una vez que entienda a las personas y crea en ellas, realmente pueden llegar a ser alguien. Ayudar a los demás a sentirse importantes no requiere mucho esfuerzo. Las cosas pequeñas, hechas premeditadamente en el momento correcto, pueden marcar la gran diferencia, como lo muestra este relato de John:

Durante catorce años tuve el privilegio de pastorear una congregación muy grande, en el área de San Diego, en la que todos los años hacíamos un maravilloso programa navideño. Acostumbrábamos hacer veintiocho presentaciones, y unas treinta mil personas lo veían cada año.

El programa siempre incluía a muchos chicos y hace varios años una de mis partes favoritas era una canción en la que trescientos jóvenes vestidos como ángeles cantaban mientras sostenían unas velas. Al final de la canción, salían del escenario, subían por los pasillos, y llegaban a la antesala al frente de la iglesia.

Durante la primera presentación, decidí esperar por ellos en la antesala. Ellos no sabían que estaría allí, pero mientras pasaban los aplaudí, los elogié, y les dije: «Muchachos, ¡lo hicieron muy bien!». Se sorprendieron al verme y el ánimo los alegró.

Para la segunda presentación, hice lo mismo y pude observar que al comenzar a ascender por los pasillos, miraban con ansiedad a ver si estaba parado allí para animarlos. Ya para la tercera presentación de la noche, al doblar la esquina subiendo por el pasillo, tenían sonrisas en los rostros. Cuando llegaron a la antesala, me daban palmadas alegres. Sabían que creía en ellos, eso hizo que todos se sintieran importantes.

¿Cuándo fue la última vez que se esforzó en hacer que las personas se sintieran especiales, como si fueran importantes? La inversión que tiene que realizar es eclipsada por el impacto en ellas. Todo aquel que conoce y todas las personas que le presentan tienen el potencial de ser alguien importante en las vidas de otros. Lo único que necesitan es ánimo y motivación de parte suya para ayudarlos a alcanzar su potencial.

5. Cualquiera que ayude a alguien influencia en muchos más

Lo último que tiene que entender respecto a la gente es que cuando uno ayuda a alguien, realmente impacta a muchos otros más. Lo que usted le da a alguien fluye en la vida de toda la gente que esa persona impacta. La naturaleza de la influencia es multiplicar. Hasta a usted lo impacta porque, cuando ayuda a otros y sus motivaciones son buenas, siempre recibe más de lo que nunca pueda dar. Muchos son tan genuinamente agradecidos cuando otra persona los hace sentir como si fueran alguien especial que jamás se cansan de mostrar su gratitud.

Elija entender a otros

A fin de cuentas, la habilidad de entender a la gente es una elección. Es cierto que algunas personas nacen con grandes instintos que los capacitan para entender cómo piensan y se sienten los demás. Pero aunque usted no sea alguien instintivo, puede mejorar su habilidad para trabajar con otros. Todo el mundo es capaz de poseer la habilidad de entender, motivar y a la larga, influenciar a otros.

Si en verdad quiere cambiar la vida de los demás, propóngase conseguir...

La perspectiva de la otra persona

Mark McCormack, autor de *Lo que no le enseñarán en la Harvard Business School*, escribió un relato divertido para la revista *Entrepreneur*. Allí ilustra el valor de reconocer la perspectiva de los demás. Dijo: «Hace unos años, estaba parado en la fila de los boletos en el aeropuerto. Frente a mí estaban dos niños peleando por un cono de helado, y frente a ellos había una mujer con un abrigo de visón. Podía ver un accidente en ciernes. ¿Debía interferir? Todavía cavilaba en eso cuando escuché a la niña decirle al niño: "Charlie, si no paras, le van a caer pelos del abrigo de esa dama a tu cono"».

Al relacionarse con los demás, la mayoría de la gente no ve más allá de su experiencia propia. Tiende a ver a las otras personas y sucesos en el contexto de su posición, trasfondo, o circunstancias. Por ejemplo, Pat McInally, exjugador del equipo Cincinnati Bengals, de la National Football League, dijo: «En Harvard decían que solo era un deportista cabeza hueca. Los futbolistas profesionales me consideraban un intelectual». Aunque él no cambió, sí lo hicieron las percepciones que tenían de él.

Siempre que mire las cosas desde la perspectiva de otra persona, recibirá toda una nueva manera de ver la vida y encontrará nuevas maneras de ayudar a otros.

Una actitud positiva hacia las personas

El autor Harper Lee escribió: «La gente casi siempre ve lo que busca y oye lo que quiere escuchar». Si tiene una actitud positiva respecto a las personas, crea lo mejor de ellas, actúe en base a sus creencias, y entonces podrá impactar sus vidas. Pero todo comienza con la manera en que piensa de los demás. Usted no puede ser una persona que influencie positivamente si piensa como sigue:

> Cuando el compañero se demora mucho, es un lento.
> Cuando yo me demoro mucho, es que soy minucioso.
> Cuando el compañero no hace algo, es un vago.
> Cuando yo no lo hago, estoy ocupado.
> Cuando el compañero hace algo sin que se lo pidan, viola sus límites.
> Cuando lo hago yo, eso es iniciativa.
> Cuando el compañero desconoce una regla de etiqueta, es un rudo.
> Cuando evado algunas reglas, soy original.
> Cuando el compañero complace al jefe, es un adulador.
> Cuando lo complazco yo, es cooperación.
> Cuando el compañero avanza, es mera suerte.
> Cuando me las arreglo para avanzar, es simplemente la recompensa justa por una ardua labor.

Su actitud hacia las personas es una de las elecciones más importantes que jamás tomará. Si su manera de pensar es positiva, realmente puede impactarlos. El pastor Robert Schuller, un fuerte proponente del pensamiento positivo, cuenta el siguiente relato en *Life Changers* [Cambiadores de vidas]:

«Soy el mejor jugador de béisbol en el mundo», alardeaba el niñito mientras trotaba alrededor de su patio. Con su bate sobre el hombro, lanzó una pelota hacia arriba, trató de pegarle, pero no pudo. «Soy el mejor jugador de todos los tiempos», reiteró. Recogió la pelota de nuevo, trató de golpearla, pero falló otra vez. Deteniéndose un momento para examinar su bate, se dobló y recogió su pelota. «¡Soy el pelotero más grande que jamás haya existido!». El impulso de su giro para golpear la pelota casi lo tumba; sin embargo, la pelota cayó, ilesa, a sus pies. «¡Vaya!», exclamó. «¡Qué clase de lanzador!».[5]

Si desea llegar a ser una persona de influencia, adopte una actitud hacia los demás parecida a la que ese niñito tenía consigo mismo.

Entienda a las personas

- **Evalúe su comprensión.** Use la siguiente escala para evaluar su habilidad para entender a las personas (marque la calificación que le corresponda):

SUPERIOR Casi siempre puedo anticipar la manera en que los demás se sentirán y reaccionarán en cualquier situación. El entendimiento es una de mis habilidades más fuertes.

BUENA La mayoría del tiempo entiendo lo que los demás hacen y desean. Considero que mi habilidad de entender a las personas es una de mis cualidades positivas.

PROMEDIO Las personas me sorprenden en la misma proporción en la que puedo anticipar su manera de pensar. Considero mi habilidad de entender a los demás como común y corriente.

POBRE La mayoría del tiempo los sentimientos y los motivos de las personas me resultan un misterio. Definitivamente necesito mejorar en esta área.

- **Cómo entender el plan de acción.** Si se calificó superior, entonces debe comunicar su destreza enseñándoles a otros cómo entender mejor a las personas. Si se calificó bueno, promedio o pobre, siga esforzándose por aprender y mejorar. Puede mejorar su habilidad al instante haciéndose estas cuatro preguntas cada vez que conozca nuevas personas:

  1. ¿De dónde vienen?
  2. ¿Adónde quieren llegar?
  3. ¿Qué necesitan ahora?
  4. ¿Cómo puedo ayudar?

- **Active su actitud positiva.** Si su habilidad para entender a las personas no es tan buena como quisiera, la raíz podría ser que no valora a los demás como pudiera. Mientras se relaciona con las personas recuerde las palabras de Ken Keyes, hijo: «Una persona encantadora vive en un mundo encantador. Una persona hostil vive en un mundo hostil: todo aquel que conoce es su espejo».

6

UNA PERSONA DE INFLUENCIA... ELIGE DESARROLLAR A LAS PERSONAS

Una vez que usted ha sido un modelo de integridad con otros y los haya motivado con éxito, estará listo para dar el próximo paso en el proceso de convertirse en una persona de influencia en sus vidas.

Modelar una vida íntegra es un paso inicial importante para llegar a ser una persona de influencia, ya que crea un fundamento sólido con los demás. El siguiente paso natural es motivarlos. En el proceso de cuidar a las personas, muéstreles su fe en ellas, escuche sus esperanzas y temores, y demuestre que las entiende, para de esta manera entablar una fuerte conexión relacional e incentivarlas a tener éxito... y para influenciar en ellas. Pero si quiere que la gente *realmente* crezca, mejore y sea exitosa, debe avanzar al siguiente paso. Tiene que convertirse en un mentor.

¿Qué significa ser mentor?

Darle motivación a la gente para que crezca, sin proveer también los medios para hacerlo, es una tragedia. Ser mentor les ofrece a las personas la oportunidad de convertir su potencial en realidad, y sus sueños en su destino. Los mentores impactan la eternidad porque no se sabe dónde terminará su influencia.

William Gladstone, estadista británico del siglo diecinueve, declaró: «Sabio es el hombre que no desperdicia energía persiguiendo cosas para las que no está calificado; y más sabio aun el que, entre las cosas que puede hacer bien, elige de manera resoluta la mejor». La mayoría de la gente no tiene la tendencia natural de detectar sus principales áreas de potencial. Requieren ayuda para hacerlo, en particular a medida que comienzan a crecer y se esfuerzan por alcanzar su potencial. Por eso es tan importante que usted se convierta en mentor de aquellos a quienes desea ayudar. Tiene que dirigirlos en sus áreas de crecimiento personal y profesional hasta que puedan trabajarlas de manera más independiente.

En este y en los próximos tres capítulos, nos concentraremos en cuatro maneras de realizar la tarea de ser mentor de otros: desarrollando a las personas, ayudándolas a navegar por los problemas de la vida, conectándose con ellas a un nivel más profundo, y apoyándolas y facultándolas para desarrollar su potencial.

Desarrollar a otros es una inversión

El escritor Alan Loy McGinnis comentó: «No hay ocupación más noble en el mundo que asistir a otro ser humano, ayudar a que alguien tenga éxito». Ayudar a que otros se desarrollen es una de las cosas más increíbles que jamás pueda hacer por ellos. Como dice John en su libro *El mapa para alcanzar el éxito*, crecer para desarrollar su potencial es uno de los tres componentes para tener éxito (además de conocer su propósito y sembrar semillas que beneficien a otros).

Robert Gross, expresidente de la Lockheed Aircraft Corporation, le explicó en una ocasión a sus supervisores: «Una cosa es construir un producto; otra es construir una compañía, porque las compañías no son otra cosa sino hombres, y las cosas que salen de ellos no son mejores que la gente misma. No construimos automóviles, aviones, refrigeradoras, radios, o cordones de zapato. Construimos hombres. *Los hombres hacen el producto*».

Cuando uno desarrolla a los demás, hace varias cosas:

Eleva su nivel de vida

Denis Waitley dijo: «Los mayores logros son los que benefician a otros». Siempre que ayude a la gente a desarrollarse en cualquier aspecto vital, la beneficia porque facilita que ascienda a un nuevo nivel de vida. A medida que las personas desarrollan sus dones y talentos, aprenden nuevas destrezas, y amplían sus habilidades para solucionar problemas; su calidad de vida y nivel de contentamiento mejoran en forma dramática.

Nadie puede crecer y quedarse impasible ante la manera que lleva la vida.

Aumenta su potencial para el éxito

El empresario George Crane afirmó que «no hay futuro en ningún trabajo. El futuro yace en el hombre que tiene el trabajo». Cuando uno desarrolla a otras personas, ilumina su futuro. Cuando expanden sus horizontes, mejoran sus actitudes, aumentan sus destrezas, o aprenden nuevas manera de pensar, su ejecución es destacada y viven mejor. Eso aumenta su potencial.

Incrementa su capacidad para crecer

Cuando usted ayuda a las personas a desarrollarse, no solo les da instrumentos que únicamente les ayudarán hoy.

Desarrollarles tiene beneficios a largo plazo. Les ayuda a capacitarse mejor, y aumenta su capacidad de aprender y crecer. Después de desarrollarles, siempre que reciban un recurso u oportunidad, estarán mejor preparadas para usarlo de la manera más beneficiosa. Y su crecimiento empieza a multiplicarse.

Aumenta el potencial de su organización

Si los individuos con los que trabaja son parte de un grupo, sea un negocio, iglesia, equipo deportivo, o club, todo el grupo se beneficia de su crecimiento. Por ejemplo, si muchos en su organización mejoran aunque sea un poco, la calidad de toda su organización aumentará. Si unos pocos mejoran mucho, el potencial para el crecimiento y el éxito aumenta debido al incremento del liderazgo de esa gente. Y si ambos tipos de crecimiento ocurren como resultado de su desarrollo, ¡agárrese! porque su organización está a punto de despegar.

Fred Smith, amigo de John, es un excelente líder, empresario y asesor de negocios. Fred estuvo aconsejando a un grupo de veinte jóvenes directores de juntas administrativas, y reuniéndose con ellos mensualmente por espacio de tres años cuando decidió que necesitaban pasar un tiempo solos. Así que les dijo que no volvería a verlos por un tiempo. Continuaron reuniéndose sin él, pero a la larga, le pidieron que regresara a visitarlos. Cuando lo hizo le presentaron una pieza de cristal Baccarat. En ella grabaron las palabras: «Él nos estiró».

Fred lleva décadas estirando y desarrollando a otros porque está consciente del increíble valor añadido no solo a las personas que beneficia, sino también a todas las que ellas influencian. La mayoría de las personas tienen buen sentido del humor, quieren progresar y tener éxito, pero están renuentes al cambio. Muchas veces están dispuestas a crecer solo lo suficiente para resolver sus *problemas*. Sin embargo, necesitan crecer lo suficiente para alcanzar su *potencial*. Por eso necesitan que usted les ayude.

CONVIÉRTASE EN ALGUIEN QUE DESARROLLA A OTROS

Para muchos, el simple hecho de desear ayudar a florecer a los demás no significa necesariamente que estén listos para la tarea. Usualmente necesitan trabajar antes en ellos mismos. Como en la mayoría de los casos, si desea hacer más por los demás, usted tiene que mejorar primero. Eso nunca es más válido que en el área de ser un mentor. Usted puede enseñar lo que sabe, pero solo puede reproducir lo que es.

Los expertos en liderazgo Warren Bennis y Bert Nanus dijeron al respecto: «Lo que distingue a los líderes de sus seguidores es la capacidad para desarrollar y mejorar sus destrezas». En sus preparativos para asumir la tarea de ayudar a otros a desarrollarse, lo primero que tiene que hacer es mejorarse y desarrollarse usted mismo porque solamente cuando está creciendo y floreciendo puede ayudar a otros a hacerlo también. Así como no van a seguir a una persona cuyas destrezas de liderazgo son más débiles que las suyas, no aprenderán a crecer de alguien que no crece.

Albert Schweitzer afirmó que «el gran secreto del éxito es pasar la vida como un hombre que jamás se gasta». Cuando usted hace suya la meta de aprender y desarrollarse continuamente, se convierte en la clase de persona que jamás se «gasta». Siempre está recargando sus baterías y buscando mejores maneras de hacer las cosas. Para determinar si continúa creciendo o no, pregúntese qué es lo que todavía anticipa. Si no se le ocurre nada u observa el pasado en lugar de ver al futuro, su crecimiento podría estar estancado.

Se ha dicho que: «El principal obstáculo para el descubrimiento no es la ignorancia. Es la ilusión del conocimiento». Mucha gente pierde de vista la importancia del crecimiento personal una vez que terminan su educación formal. No permita que eso le suceda a usted. Convierta su crecimiento personal en una de sus principales prioridades comenzando hoy mismo.

Elija con cuidado a las personas que desarrollará

Una vez que usted haya crecido personalmente y esté listo para ayudar a otros a desarrollarse, necesita comenzar a pensar en las personas con las que trabajará. Tiene que ser selectivo. Debe tratar de ser un modelo de integridad para todo el mundo, ya sean personas conocidas o totalmente extraños. Y debe hacer que su meta sea motivar a todas las personas con las que está relacionado: familiares, empleados, compañeros voluntarios de la iglesia, colegas, y amistades. Sin embargo, no puede invertir tiempo para desarrollarlos a todos; es un proceso muy complicado. Por eso debe trabajar primero con las personas más prometedoras a su alrededor, las que con más probabilidad estarán receptivas al crecimiento.

Ciertamente deseamos que todos tengan el mismo acceso a las oportunidades y la justicia, pero sabemos que no todos responden de la misma manera a su medio ambiente o ventajas. Esto también es válido para las personas que usted tendrá la oportunidad de desarrollar. Algunas anhelan que las estiren. A otras no les interesa el crecimiento personal o no crecen bajo su atención. Su trabajo es averiguar cuál es cuál.

Mientras piensa en las personas que desea desarrollar, recuerde las siguientes directrices:

- **Seleccione personas cuya filosofía de vida se parezca a la suya.** Los valores subyacentes y las prioridades de los que desea ayudar a florecer necesitan parecerse a las suyas. Si usted y ellos no tienen lo básico en común, podría terminar trabajando con objetivos cruzados, y no experimentará la efectividad que desea. Roy Disney, hermano y socio de Walt, dijo: «No es difícil tomar decisiones cuando usted conoce cuáles son sus valores». Si usted y las personas que guía tienen valores parecidos, podrá tomar decisiones armoniosas mientras trabajan juntos.

- **Elija gente con potencial en el que usted cree genuinamente.** No puede ayudar a aquellos en quienes no cree. Ofrezca su mejor esfuerzo guiando a la gente que tienen el mayor potencial, a la que puede verle un futuro prometedor, no por la cual sienta compasión. Cuide, ame y motive a las personas heridas. Pero invierta su tiempo en desarrollar personas que crecerán y marcarán una diferencia.

- **Seleccione personas cuyas vidas pueda impactar de manera positiva.** No todos los que puede desarrollar se beneficiarán de lo que les ofrezca. Busque compatibilidad entre el potencial de ellos y las fortalezas y experiencia suyas.

- **Combine a las mujeres y a los hombres con las montañas.** Nos gustaría que todas las personas que guiamos alcancen todo su potencial y lleguen a ser estrellas. A la larga, los mejores mentores desarrollan gente a un nivel superior a su habilidad. La verdad es que aunque todos pueden avanzar a un nivel superior del que ocupan actualmente, no todos pueden escalar los niveles más altos. Alguien que desarrolla con éxito a los demás evalúa su potencial y los coloca en posición para conseguir el éxito.

- **Comience cuando llegue el momento correcto.** Inicie el proceso cuando sea el momento correcto en la vida de los demás. Quizás haya escuchado la expresión: «Dele cuando el hierro esté caliente». Eso significa actuar en cierta situación en el momento indicado. Sabemos que el dicho data del siglo catorce. Proviene de la práctica de los herreros que tenían que golpear el metal cuando estaba en la temperatura indicada para moldearlo en la forma precisa y deseada. Hay que hacer lo mismo con las personas que quiere desarrollar. Comience muy pronto y todavía no percibirán su necesidad de crecer. Comience tarde y habrá perdido su mejor oportunidad para ayudarlos.

Una vez que encuentre las personas correctas, recuerde que necesita su autorización antes de empezar a desarrollarlas. A la gente le gusta que las animen y las motiven, así que no necesita su aprobación para hacer ninguna de las dos cosas. Pero ser mentor realmente da resultados solamente cuando ambos bandos conocen los planes, concuerdan con ellos y se esfuerzan al ciento por ciento.

Haga del proceso de desarrollo una prioridad

Desarrollar a otros puede ser gratificante y divertido, pero también requiere tiempo, dinero y trabajo. Por eso tiene que comprometerse con el proceso y convertirlo en una prioridad. Ed Cole, amigo de John, afirma: «El crecimiento tiene un precio. El compromiso es ese precio». Una vez que se comprometa estará listo para continuar. Las siguientes sugerencias le ayudarán a aprovechar mejor el proceso del desarrollo:

Perciba el potencial de las personas

El compositor Gian Carlo Menotti declaró con firmeza: «El infierno comienza el día en que Dios nos concede una visión clara de todo lo que pudimos haber logrado, de todos los dones que desperdiciamos, de todo lo que pudimos hacer y no hicimos».[1] El potencial no alcanzado es un desperdicio trágico. Como alguien que desarrolla a los demás, usted tiene el privilegio de ayudarles a descubrir y luego acrecentar su potencial. Pero no puede hacerlo hasta que usted vea el potencial de ellos.

Geoffrey Gaberino, nadador olímpico ganador de la medalla de oro, lo resume de esta manera: «La verdadera competencia siempre es entre lo que ha hecho y lo que es capaz de hacer». Cuando observe a las personas que desea desarrollar, trate de discernir qué son capaces de hacer. Busque un destello de grandeza. Vigile y escuche con su corazón así como con sus ojos. Trate de imaginar lo que harían si superaran los obstáculos personales, lograran confianza, crecieran en las áreas prometedoras, y dieran todo lo que tienen. Eso le ayudará a ver el potencial de ellos.

PROYECTE UNA VISIÓN PARA SU FUTURO

Robert Orben, antiguo escritor de discursos presidenciales, instó: «Recuerde siempre que solo hay dos clases de personas en este mundo: los realistas y los soñadores. Los realistas saben adónde van. Los soñadores ya han estado allí». Para añadir valor a las personas que desarrolla, adelánteseles en su imaginación y vea su futuro antes que ellos. Captar esa visión de su porvenir y proyectárselas le ayuda a motivarlos y desarrollarlos.

Alguien dijo en una ocasión: «No permita que lo obliguen a pensar que sus sueños o sus talentos no son prudentes. Jamás se supuso que lo fueran. Lo que se supone es que traigan gozo y realización a su vida». Ese es un gran consejo. Las personas jamás tendrán éxito con sus sueños descabellados a menos que realmente tengan sueños descabellados. Cuando usted proyecta la visión a los demás, les ayuda a ver su potencial y sus posibilidades. Cuando a dicha visión le añade su fe en ellos, los enciende para la acción.

CONÉCTESE CON SU PASIÓN

Como alguien que desarrolla a las personas, ayúdelas para que deseen crecer y una manera de hacerlo es conectándose con su pasión. Todo el mundo, hasta el más callado y reservado, siente pasión por algo. Simplemente tiene que encontrarla.

A medida que busque las pasiones de otros, hurgue más allá de la superficie de sus necesidades diarias. Profundice dentro de ellas. Harold Kushner escribió con perspicacia: «Nuestras almas no están hambrientas de fama, comodidad, riqueza o poder. Esas recompensas crean casi tantos problemas como los que solucionan. Nuestras almas están hambrientas de significado, de la sensación que hemos comprendido cómo vivir para que nuestra vida tenga significado, para que el mundo sea al menos un poco diferente por el hecho de que pasamos por él».

Una vez que descubra su pasión, conéctese a ella. Muéstreles cómo activar su potencial al punto de que puedan cumplir la visión que tienen para sus vidas. La pasión puede ayudarlos a convertir sus sueños en realidad, y como dijera el presidente Woodrow Wilson: «Crecemos por los sueños. Todos los grandes [individuos] son soñadores. Ven las cosas en la suave neblina de un amanecer primaveral, o en el enrojecido fuego de una larga noche invernal. Algunos dejamos que se mueran esos grandes sueños, pero otros los nutren y los cuidan; los nutren a través de los días malos hasta llevarlos a la luz solar y esta siempre les llega a los que sinceramente esperan que sus sueños se hagan realidad». La pasión es el combustible que ayuda a las personas a nutrir y cuidar sus sueños.

Ocúpese de los defectos del carácter

A medida que explora cómo ayudar a los demás a desarrollarse, tiene que ocuparse de cualquier asunto de carácter que puedan tener. Como mencionamos en el primer capítulo, la integridad es el fundamento sobre el cual debe apoyarse todo en la vida de la gente. No importa cuánto lo desarrolle, si el fundamento no es sólido, habrá problemas.

Cuando examine el carácter de otros, recuerde ir más allá de su reputación. Abraham Lincoln hizo esta distinción: «El carácter es como un árbol y la reputación su sombra. La sombra es lo que pensamos de ella; el árbol es lo verdadero». Invierta tiempo para llegar a conocer realmente a las personas que desarrolla. Obsérveles en varias situaciones. Si llega a conocerlas lo suficientemente bien como para saber la manera en que reaccionan en la mayoría de las situaciones, tendrá una idea de dónde podrían estar los defectos de carácter.

Martin Luther King, Jr., afirmó: «La medida definitiva de un hombre no es su posición en los momentos cómodos y convenientes, sino su posición en tiempos de reto y controversia». Su meta debe ser ayudar a la gente que desarrolla a permanecer fuerte en medio de los retos, pero tiene que empezar con las cosas pequeñas. Ayude a otros a comportarse con integridad en cada situación, y estarán listos para crecer y alcanzar su potencial.

ENFÓQUESE EN SUS FORTALEZAS

Cuando algunos individuos comienzan a trabajar con otros en su desarrollo, muchas veces giran alrededor de sus debilidades más que en sus fortalezas. Quizás sea porque es muy fácil ver los problemas y los defectos de los demás. Si comienza a concentrar sus energías en la corrección de las debilidades de las personas, las desmoralizará y, sin advertirlo, saboteará el proceso de desarrollo.

En una ocasión escuchamos una historia de béisbol que trata el tema de las debilidades personales. Una tarde en San Luis, a Stan Musial le iba muy bien en un juego contra Bobo Newsom, el lanzador de Chicago. Stan inicialmente conectó un sencillo, luego un triple y después un cuadrangular. Cuando fue a batear por cuarta vez, el entrenador de Chicago, Charlie Grimm, decidió sacar a Bobo y arriesgarse con un relevista novato. Cuando el joven novato se dirigió al montículo, desde el área de calentamiento, y Newsom le entregó la pelota, le preguntó:

—Oye ¿este tipo, Musial, tiene algunas debilidades?

—Sí —respondió Newsom—, no batea dobles.

En lugar de concentrarse en las debilidades, préstele atención a las fortalezas de las personas. Agudice las destrezas que ya existen. Elogie las cualidades positivas. Sáqueles los dones inherentes. Las debilidades pueden esperar, a menos que sean defectos de carácter.

Solo después de desarrollar una afinidad fuerte con ellos y que empiecen a adquirir confianza debe ocuparse de las áreas débiles. Luego trátelas gentilmente, una por una.

Desarróllelos paso a paso

Ronald Osborn señaló: «A menos que trate de hacer algo más allá de lo que ya domina, jamás crecerá». Para desarrollar a los demás, ayúdelos a crecer de manera congruente, sin abrumarlos ni desanimarlos.

Ese proceso es diferente para cada persona. Pero no importa de dónde sean o a dónde van, necesitan crecer en ciertas áreas. Sugerimos que incluya las cuatro que siguen en el proceso de desarrollo:

1. **Actitud.** La actitud determina, más que nada, si las personas tienen éxito y si pueden disfrutar de la vida. E impacta no solo cada área de sus vidas, sino que también influencia a otros.

2. **Relaciones.** El mundo se compone de personas, así que todos tienen que aprender a relacionarse efectivamente con otros. Esta habilidad así como comunicarse con ellos puede afectar al matrimonio, la crianza de los hijos, la profesión, las amistades y más. Si las personas pueden relacionarse, avanzarán en casi todas las áreas de la vida.

3. **Liderazgo.** Todo surge o se desploma por el liderazgo. Si las personas que desarrolla planifican trabajar con otros, tienen que aprender a dirigirlos. De no ser así, van a llevar toda la carga por sí mismos en todo lo que hagan.

4. **Las destrezas personales y profesionales.** Podría sorprenderle ver que presentamos esto al final. Pero lo cierto es que si el pensamiento no es positivo y escasean las habilidades para trabajar con los demás,

todas las destrezas profesionales en el mundo son poco beneficiosas. Mientras ayuda a los individuos a crecer, trabaje de adentro hacia afuera. Lo realmente importante no es lo que les sucede a las personas, sino lo que ocurre en su interior.

Ponga recursos en sus manos

Para ayudar a la gente a crecer, no importa de qué aspecto se ocupe, ponga recursos en sus manos. Cada vez que nos reunimos con alguien a quien estamos desarrollando, siempre tratamos de llevar algo como regalo: libros, casetes, artículos de revistas, cualquier cosa inspiradora o instructiva que podamos obtener. Nada nos complace más que saber que ayudamos a alguien a avanzar otro paso en el crecimiento. Esa es una de las razones por las que ambos estamos constantemente creando recursos para el crecimiento de las personas.

Expóngalos a experiencias que los desarrollen

Implementar un plan para el crecimiento desarrolla a las personas, pero algunas veces necesitan algo más para darles un empujón fresco de energía e inspiración. Helen Keller, autora y campeona para los ciegos, dijo: «Uno jamás debe arrastrarse cuando siente el impulso de volar». Cuando uno expone a las personas a experiencias que las ayudan a florecer, planta en ellas el deseo de alzar el vuelo.

Las conferencias y los seminarios, reuniones con mujeres y hombres excepcionales, y los eventos especiales nos impactan mucho. Siempre nos sacan de nuestra comodidad, nos llevan a pensar más que en nosotros mismos, o nos retan a avanzar a nuevos niveles de vida.

Pero recuerde que los acontecimientos y las reuniones no hacen que la gente crezca. Eso inspira a la gente a tomar decisiones importantes que pueden cambiar la dirección de sus vidas. El crecimiento mismo viene de lo que ellas hacen a diario luego de tomar una decisión.

Enséñeles a desarrollarse a sí mismos

Según Philip B. Crosby: «Hay una teoría de la conducta humana que dice que las personas retardan subconscientemente su propio crecimiento intelectual. Llegan a depender de clichés y hábitos. Una vez que alcanzan la edad de su adaptación al mundo, dejan de aprender y su mente queda en neutro por el resto de sus días. Podrán progresar en la organización, ser ambiciosos y dispuestos, y hasta trabajar de día y de noche. Pero ya no aprenden».

Una vez que logre que la gente valore el crecimiento tanto como para comenzar a desarrollarse por sí misma, supera una barrera fuerte. Se dice que la meta de todos los maestros debe ser capacitar a los estudiantes para que les vaya bien sin ellos. Lo mismo puede decirse de los que buscan desarrollar a otros. Mientras labora con otros y los ayuda a florecer, deles lo que necesitan para que aprendan a cuidarse. Enséñeles a encontrar recursos. Anímelos a salir de su zona de comodidad por sí mismos. Y refiéralos a otras personas que puedan ayudarles a aprender y crecer. Si puede ayudarlos a convertirse en estudiantes de por vida, les habrá dado un regalo increíble.

Hemos escuchado decir que: «Nadie se enriquece a menos que enriquezca a otros». Cuando usted enriquece a los demás ayudándolos a crecer y a desarrollarse por su cuenta, no solo les da gozo a ellos y a sí mismo, sino que también aumenta su influencia y su habilidad para tocar la vida de otros.

Lo que afirmó Ralph Waldo Emerson, filósofo y poeta estadounidense del siglo diecinueve, es cierto: «Una de las recompensas más hermosas de esta vida es que ningún hombre puede tratar de ayudar sinceramente a otro sin ayudarse a sí mismo». Si se dedica a desarrollar a los demás y asistirlos para que alcancen su potencial, las recompensas que coseche serán casi tan grandes como las de aquellos a quienes ayuda.

Desarrolle a las personas

- **¿A quién va a desarrollar?** Escriba los nombres de los tres candidatos principales. Recuerde escoger gente cuya filosofía de vida se parezca a la suya, que tengan un potencial en el que usted crea, cuya vida pueda impactar de manera positiva, y que esté lista para el proceso.

  1. _____
  2. _____
  3. _____

- **Planes para desarrollarles.** Use el siguiente esquema para elaborar su estrategia de desarrollo para las tres personas que seleccionó:

	PERSONA 1	PERSONA 2	PERSONA 3
Nombre	_____	_____	_____
Potencial	_____	_____	_____
Pasión	_____	_____	_____
Aspectos de carácter	_____	_____	_____
Mayor fortaleza	_____	_____	_____
Paso siguiente en el desarrollo	_____	_____	_____
Recurso para la necesidad actual	_____	_____	_____
Próxima experiencia de desarrollo	_____	_____	_____
Experiencia	_____	_____	_____

7

UNA PERSONA DE INFLUENCIA... NATURALMENTE GUÍA A OTRAS PERSONAS

Ayudar a las personas a florecer y desarrollar su potencial facilita que avancen a un nivel de vida completamente nuevo. Sin embargo, no importa cuánto crezcan y aprendan, aún así van a enfrentar obstáculos. Cometerán errores. Enfrentarán problemas en lo personal y lo profesional, circunstancias que no podrán sobrepasar sin alguna ayuda.

John relata un momento cuando decidió ayudar a todo un grupo de pasajeros en un aeropuerto a pasar juntos un día difícil:

Viajo mucho debido a las conferencias que ofrezco a través del país, y a veces eso lleva a situaciones extraordinarias. Recuerdo una noche en particular cuando estaba en el aeropuerto en Charlotte, Carolina del Norte, preparándome para volar a Indianápolis, Indiana. Estuve en el teléfono hasta el último minuto, salí disparado a la puerta de salida y me encontré con Dick Peterson, expresidente de INJOY, esperando meternos corriendo al avión justo antes de que cerraran las puertas. Pero para mi sorpresa, en el área de espera había unas cincuenta o sesenta personas lamentándose.

Miré a Dick y le pregunté:

—¿Qué pasa?

—Bueno —dijo Dick—, parece que no saldremos por un buen tiempo.

—¿Cuál es el problema? —pregunté.

—No sé —respondió.

Así que me acerqué y le pregunté al agente en la puerta de salida, y me dijo:

—Los asistentes de vuelo no han llegado aún, y no podemos permitir que nadie suba hasta que lleguen.

Entonces anunció lo mismo por el sistema de comunicaciones; pude ver a todos en la sala de espera decepcionados. Se veían miserables.

Miré a Dick, y le dije:

—¿Sabes? Veamos si podemos ayudar a estas personas.

Así que fuimos a la cafetería más cercana, y le dije a la mujer que estaba allí, llamada Denise:

—Por favor, quiero sesenta Coca-Colas.

Atónita por un momento, al fin dijo:

—¿Quiere sesenta?

Entonces le expliqué:

—Hay un montón de pasajeros decepcionados en la próxima puerta de salida, y necesitan algo que les levante la moral.

—¿No bromea? ¿Va a comprarles una a todos? —preguntó.

—Así es.

Guardó silencio un momento, y dijo:

—¿Puedo ayudar?

Ella, Dick, y yo les llevamos las bebidas a las personas en la puerta de salida, y me di cuenta de que no estaban seguros de lo que pasaba. Así que dije:

—Su atención, por favor. Mi nombre es John Maxwell. Como no vamos a salir antes de treinta o cuarenta y cinco minutos, me parece que al menos podría ofrecerles algo de beber. Va por la casa.

Comencé a repartir las Coca-Colas, y era evidente que todos creían que yo era una persona extraña. Igual pensaba el personal de la aerolínea, pero después de un rato comencé a relacionarme con ellos, y cuando se enteraron que las aeromozas estaban en la pista y pronto llegarían a la puerta de salida, al fin pude convencerlos de que nos metieran en el avión.

Tan pronto abordamos el avión, vi una enorme canasta con maní, barras de granola, y dulces en el pasillo, y pensé: *En verdad que merecen comerse algo con esa Coca-Cola*. Así que pasé por el pasillo repartiendo las golosinas. En solo cinco minutos les serví a todos algo de comer, y bebían sus sodas. Más o menos en ese momento llegó apurado el personal de vuelo. Se disculparon mucho. De inmediato dijeron, a través del sistema de comunicación del avión: «Damas y caballeros, comenzaremos ahora mismo. Tan pronto podamos, vamos a empezar el servicio de bebidas».

Bueno, se escucharon muchas risas y murmullos en la cabina, y una de las aeromozas le dijo a la otra:

—¿Qué está pasando?

—Hola, mi nombre es John —dije—. Ahora no les preocupa mucho el servicio. Ya les di algo de tomar y unas golosinas para comer. En verdad, ¿le molestaría que me dirija a todos por un momento?

Se echaron a reír y dijeron:

—Seguro. ¿Por qué no?

Mientras salíamos de la pista, me dejaron hablar.

—Hola —dije—, este es su amigo, John Maxwell. Por favor abróchense los cinturones. Vamos a despejar en unos momentos, y tan pronto estemos en el aire, volveré a servirles.

La pasamos muy bien en ese viaje. Hablé con todos y ayudé a servir las bebidas. Cuando aterrizamos, pedí hablar por última vez. —Gente —dije—, este es John. Me alegra que estuvieran hoy en este vuelo. ¿Verdad que la pasamos bien?

Todos aplaudieron y silbaron.

—Ahora cuando nos bajemos, iré al área de equipaje. Si alguno tiene algún problema, por favor búsqueme, y nos encargaremos inmediatamente de la situación.

Mientras ayudaba a las personas en el área de equipaje a encontrar sus valijas, se me acercó un hombre y me dijo:

—Esto ha sido fantástico. Soy de Florida, y traemos unas toronjas con nosotros. Tenga, tome una.

—Muchas gracias —dije—. Sabe, tengo dos hermanos viviendo en la Florida, en Winterhaven.

—¡Allí es donde vivo! —acotó—. Perdóneme, ¿cuál es su nombre? ¿John Maxwell? ¡Espere! ¿Su hermano se llama Larry y su esposa, Anita?

—Así es.

—¡Los conozco! —dijo—. Anita sirve en una junta directiva conmigo. Los llamaré ahora mismo. No van a creerlo.

Se apuró a una sección de teléfonos.

—He viajado por años —dijo—, ¡y nunca me pasó nada como esto!

Lo que pudo ser un vuelo miserable con personas agotadas y molestas resultó una experiencia que ninguno olvidará. ¿Por qué? Porque una persona decidió cuidar de los demás y ayudarlos a superar una situación potencialmente desagradable. Es un proceso al que llamamos naturalmente guiar.

Muchas personas necesitan ayuda para resolver algunas de las dificultades de la vida. Ese vuelo quizás no era nada más que una inconveniencia para la mayoría de esos pasajeros, pero pese a ello disfrutaron que alguien los dirigiera, con una buena actitud, a través de una experiencia. Ese tipo de asistencia hace falta y es apreciada por la mayoría, sobre todo cuando se acercan los complicados problemas de la vida, y cuando se dificulta lidiar con ellos.

Las personas a quienes usted influencia necesitan su ayuda, especialmente las que tratan de llegar a un nuevo nivel, cuando comienzan una nueva aventura, o entran a una nueva fase de vida. Les hace falta alguien que les dirija o les guíe. Mel Ziegler, fundador de Banana Republic, delineó la habilidad del dirigente para naturalmente guiar al escribir: «Un líder descubre el abismo oculto que existe entre donde están las cosas y donde estarían mejor, y teje un puente temporal para tratar de cruzar. Desde el otro lado guía a los que se atrevan a cruzar este curso tan frágil hasta que los ingenieros puedan construir un trecho más firme para todos».[1]

Ziegler pintó una imagen vívida. Para la mayoría de las personas, el liderazgo que necesitan no es simplemente un hecho singular, solo un abismo por cruzar. Muchos necesitan dirección de manera continua hasta que pueden organizar sus vidas, y luego pueden ser animados a realizar el viaje por su cuenta. Eso se parece más a una travesía oceánica en la cual tiene que navegar con ellos que a una hondonada que debe obligarlos a cruzar. Tiene que ayudarlos a encontrar su camino, identificar los témpanos, y sobrepasar las aguas tormentosas, y tiene que viajar con ellos al menos hasta que anden por el curso correcto y puedan aprender a navegar por su cuenta.

EL GUÍA IDENTIFICA EL DESTINO

En el capítulo anterior, hablamos de la importancia de presentarles a los individuos una visión de su futuro para que puedan animarse a crecer. El próximo paso es mostrarles su destino de una manera más concreta. Muchos de los que están insatisfechos y desanimados se sienten así porque no se aferran a una visión para ellos. Se dice que: «Enterrar nuestros sueños es enterrarnos a nosotros mismos, porque realmente somos "el material del que están hechos los sueños". El sueño de Dios para nosotros es que alcancemos nuestro potencial». Tiene que ayudar a otros a descubrir su sueño y entonces movilizarlos hacia él. Sin movimiento, no puede guiar, y cualquier movimiento será progreso solamente si es en dirección a la meta.

Quizás ya reconozca gran parte del potencial de las personas que trata de conducir, pero necesita conocerlas mejor. Para ayudarlas a reconocer la meta por la cual se esforzarán, le hará falta conocer lo que les interesa en verdad, lo que les motiva. Para hacerlo, averigüe lo siguiente:

- **¿Qué los hace llorar?** Para saber a dónde verdaderamente desean ir las personas, debe conocer lo que toca sus corazones. La pasión y la compasión son motivadores persuasivos. Se dice que las grandes mujeres y hombres de la historia lo fueron no por lo que tenían o ganaron, sino por lo que entregaron de su vida para alcanzar la meta. Escuche con su corazón y es probable que descubra las cosas por las que otros están dispuestos a entregarse.

- **¿Qué los hace cantar?** Frank Irving Fletcher comentó: «Ningún hombre puede realizar las cosas si su corazón es más pesado que su carga». Hay una gran diferencia entre las cosas que tocan los corazones de las personas y las que las abruman. A la larga, la gente necesita enfocar mucha energía en lo que le da alegría. Buscar entusiasmo en aquellos a quienes conduce le dará otra pista de su meta propuesta.

- **¿Qué los hace soñar?** Napoleón Hill afirmó: «Atesore sus visiones y sus sueños como si fueran los niños de su alma; los planos para sus mayores logros». Si puede ayudar a la gente a descubrir sus sueños y creerlos en verdad, puede ayudarlos a cumplir su objetivo.

El guía traza el curso

Cuando uno considera las pasiones, el potencial y la visión de las personas está mejor capacitado para ver a dónde realmente desean ir porque los ve con mayor profundidad y discernimiento. Muchas veces, ellas dicen que su meta es la felicidad o el éxito, pero si identifican una cosa tan somera como su destino, su desilusión está segura. Como enfatizara John Condry: «La felicidad, la riqueza y el éxito son el resultado de fijar metas; no pueden ser las metas mismas».

Una vez que asista a los demás como guía para que identifiquen una visión para sus vidas, tiene que ayudarlos a encontrar alguna manera de realizarla. Eso implica trazar un curso y establecer metas. Joyce Meyers señaló: «Un lápiz #2 y un sueño pueden llevarlo a cualquier parte». Indudablemente ella entendió el valor de la planificación y de escribir las metas. Eso no significa que las cosas siempre salgan como uno espera, pero tiene que empezar con un plan de acción. Una buena regla a seguir es establecer sus metas sobre concreto y escribir sus planes sobre arena.

Para ayudar a las personas a trazar su curso, preste atención a estas áreas:

A dónde tienen que ir

Se sorprendería de lo mucho que los individuos pueden alejarse del camino al tratar de alcanzar sus metas. Como escribiera E. W. Howe en *Success Is Easier Than Failure* [El éxito es más fácil que el fracaso]: «Algunas personas atacan Alpes imaginarios durante toda su vida, y mueren en la falda de la montaña maldiciendo dificultades que no existen». Aquellos que aún no experimentan el éxito muchas veces no saben qué es lo que hace falta para avanzar de donde están hacia donde quieren ir. Se lanzan a un laberinto de actividad porque no reconocen que pueden tomar un sendero más fácil. Como guía, usted ha de mostrarles el mejor curso.

Lo que tienen que conocer

Escuchamos un relato cómico de un esposo que deseaba ayudar a su esposa porque sospechaba que tenía problemas auditivos. Una noche se paró al otro lado del cuarto, apartado de ella, vuelto de espaldas, y muy quedo, dijo: «¿Me oyes?». Ella no respondió, así que se acercó y repitió: «¿Me oyes, ahora?». Nada todavía. Se acercó más y preguntó: «¿Me oyes?». No escuchó respuesta, así que al fin repitió la pregunta directamente detrás de ella. Esta se volteó para verlo y le dijo: «Por cuarta vez, ¡*Sí*!».

Por ahí hay demasiadas personas parecidas a ese esposo. Quieren tener éxito y ayudar a los demás, pero su mal entendimiento o falta de conocimiento se los impide. Un buen guía reconoce los puntos débiles en otros, los identifica con gentileza y les ayuda a superarlos.

Cómo tienen que crecer

Cuando guíe a los demás, recuerde que no pueden completar todo el viaje en un solo día. Tienen que crecer hacia sus metas y tomar las cosas con calma, paso a paso. Un experimento realizado por Alfred J. Marrow, presidente de una compañía con un doctorado en psicología, ilustró este hecho. Estaba interesado en encontrar una manera de ayudar a los empleados sin entrenamiento a alcanzar la ejecución óptima para que así igualaran los estándares de sus empleados diestros y entrenados tan pronto como fuera posible.

Marrow decidió dividir algunos empleados nuevos en dos grupos. En el primero, les pidió a los empleados sin entrenamiento que igualaran la producción de los entrenados en doce semanas. Con el segundo grupo, estableció metas semanales ascendentes. La meta de cada semana era un poco más ambiciosa que la de la anterior.

En el primer grupo con una sola meta, solo el sesenta y seis por ciento de los empleados pudo satisfacer sus expectativas. El segundo grupo con las metas intermedias trabajó significativamente mejor y pudo igualar más rápido los promedios de producción de los empleados experimentados de la compañía.[2]

Mientras trabaja con las personas, ayúdeles a averiguar no solo su destino a largo plazo, sino también los pasos cortos por el camino. Ayúdeles a identificar metas inalcanzables que les inspiren confianza, y progresarán.

El guía anticipa las cosas

Pocas cosas desaniman más que el que te tomen por sorpresa, sobre todo cuando alguien que pudo ayudarte está allí parado y observa mientras ocurre. Por eso anticipar las cosas por otros es parte de su tarea como guía. Como líder y mentor de las personas, usted visita lugares que ellos todavía no han visitado, tiene experiencias que ellos aún no tienen, y ha alcanzado una perspicacia que ellos todavía no desarrollan. Usted tiene la habilidad de prepararlos para lo que van a enfrentar; si no lo hace, no les está ayudando de la manera en la que debería y ya no está cumpliendo una de sus funciones más importantes como líder. El cómico estadounidense Arnold H. Glasow percibió el significado de esto: «Una de las pruebas del liderazgo es reconocer un problema antes de que se convierta en una emergencia».[3] Eso es algo que las personas inexpertas a las que está ayudando no pueden hacer por su cuenta al principio.

He aquí cuatro cosas que debe ayudarlos a entender al emprender el camino:

1. Todo el mundo enfrenta problemas

Alguien mencionó: «Si mantiene su cordura cuando todos a su alrededor la pierden, usted simplemente no entiende el problema». A medida que guía a las personas y les ayuda a crecer, es posible que perciba que esperan alcanzar un punto un día en que desaparezcan los problemas. Sin embargo, tienen que entender que todo el mundo tiene problemas. No importa cuánto éxito lleguen a tener, siempre enfrentarán dificultades. O como dijo el escritor y promotor de artistas Elbert Hubbard: «El hombre que no tiene más problemas por resolver está fuera del juego».

2. LAS PERSONAS CON ÉXITO ENFRENTAN MÁS PROBLEMAS QUE LAS QUE NO LO TIENEN

Otro malentendido común y corriente es que la gente exitosa logra las cosas porque no tiene problemas. Pero eso no es cierto. En su libro *Holy Sweat* [Sudor santo], Tim Hansel cuenta este relato:

> En 1962, Víctor y Mildred Goertzel publicaron un estudio revelador sobre 413 personas famosas y excepcionalmente dotadas. El estudio se llamó *Cradles of Eminence* [Cunas de eminencia]. Estos dos investigadores se pasaron años tratando de entender la fuente de la grandeza de estas personas, el vínculo común que unía la vida de todos estos individuos distinguidos. El hecho más relevante fue que casi todos ellos, 392, tuvieron que superar muchos obstáculos difíciles para llegar a ser lo que eran. Sus problemas se convirtieron en oportunidades más que en obstáculos.[4]

Los individuos no solo superan obstáculos para llegar al éxito, sino que aun luego de lograr un nivel de éxito, continúan enfrentando problemas. La mala noticia es que mientras más avanzan, más se complica la vida tanto personal como profesionalmente. Los itinerarios llegan a ser más incómodos, aumentan los asuntos monetarios, y se demanda más de ellas. La buena noticia es que de continuar creciendo y desarrollándose, su habilidad para lidiar con los problemas también aumentará.

3. El dinero no soluciona los problemas

Otra creencia errónea es que el dinero soluciona todos los problemas. En realidad, lo cierto es lo opuesto: las personas con dinero tienden a estar menos contentas y tienen más problemas. Por ejemplo, Ernie J. Zelinski cita una encuesta que muestra que un porcentaje mayor de las personas que ganan más de $75,000 al año están menos satisfechas con sus sueldos que las que ganan menos. También señaló:

> Un gran porcentaje de los ricos tienen más problemas de alcohol y drogas que la población general. Tengo una teoría sobre cuán bien estaríamos con mucho dinero. Si estamos felices y resolvemos los problemas cuando ganamos $25,000 al año, estaremos felices y resolveremos bien los problemas cuando tengamos mucho más dinero. Si somos infelices y no resolvemos los problemas con $25,000 al año, podemos esperar lo mismo con más dinero. Seremos igualmente infelices y no resolveremos los problemas, pero con más comodidad y estilo.[5]

En definitiva, debe tratar de ayudar a la gente a entender que el dinero no sustituye las destrezas básicas para resolver los problemas que necesita desarrollar. Los conflictos financieros casi siempre son un síntoma de otras dificultades personales.

4. Los problemas proveen una oportunidad para el crecimiento

Mientras anticipa las cosas y ayuda a las personas, percátese de que aunque los problemas causan dolor, también proveen una excelente oportunidad para el crecimiento.

La gente de Enterprise, Alabama, entiende esa idea. En este pueblo hay un monumento a un insecto mexicano, construido en el 1919. La historia detrás de esto es que en 1895, el insecto destruyó el principal cultivo del condado: el algodón. Después de ese desastre, los agricultores locales comenzaron a diversificar sus siembras y la cosecha de maní de 1919 excedió por mucho el valor de las mejores cosechas de algodón. En el monumento se registran las siguientes palabras: «Con profundo aprecio al insecto y lo que hizo como heraldo de la prosperidad... De un momento de lucha y crisis llegó un nuevo crecimiento y el éxito. Tras la adversidad vino la bendición».

Como ciertamente ha notado, no todo el mundo se ocupa de los problemas de la vida en la misma forma. El historiador Arnold Toynbee creía que todas las personas reaccionan de una entre cuatro maneras bajo circunstancias difíciles:

1. Refugiarse en el pasado
2. Soñar con el futuro
3. Ensimismarse y esperar que alguien les rescate
4. Enfrentar la crisis y transformarla en algo útil

Mientras ayude a otros, permítales saber que podrían aguardarlos aguas tormentosas. Muéstreles que es sabio anticipar las cosas como mejor puedan. Cuando lleguen los problemas, anímelos a enfrentarlos y a tratar de ser mejores como resultado.

El guía hace correcciones en la trayectoria

Hemos escuchado que antes del tiempo de los sofisticados equipos de navegación electrónicos, el navegante acostumbraba leer las estrellas en un momento particular en medio de la noche, y así determinaba cuán desviada de la trayectoria estaba la nave, y ajustaba el curso. No importa la precisión con que se estableciera el curso original o cuán cuidadosamente el timonel siguiera sus directrices, la nave siempre se salía de la trayectoria y requería ajustes.

Las personas son iguales. No importa cuán enfocadas estén o cuán bien planifiquen, se salen del curso. El problema llega cuando se les dificulta realizar las correcciones, ya sea porque no saben que están desviadas o porque desconocen qué deben hacer para arreglar las cosas. No todo el mundo puede solucionar los problemas de manera natural. Para la mayoría de las personas, es una destreza que tienen que aprender. John Foster Dulles, secretario de estado durante el gobierno de Eisenhower, propuso que «la medida del éxito no es que uno tenga un problema difícil con el cual tiene que lidiar, sino si es el mismo problema que tuvo el año pasado». Como guía, puede ayudar a la gente a evitar esa situación.

Enséñeles a no escuchar a los críticos incrédulos

En el libro *El liderazgo centrado en principios*, Stephen Covey cuenta cómo Colón fue invitado en una ocasión a un banquete en donde se le ofreció el lugar más honorable en la mesa. Un cortesano frívolo que sentía celos de él, preguntó abruptamente:

—Si usted no hubiera descubierto las Indias, ¿acaso no hay otros hombres en España que podrían haber realizado la empresa?

Colón no respondió pero tomó un huevo e invitó a la compañía a que lo pararan. Todos lo intentaron, pero nadie lo logró, después de lo cual el explorador le dio unos golpecitos en la mesa, haciendo una hendidura en uno de los extremos, y lo paró.

—¡Así podríamos haberlo hecho todos! —gritó el cortesano.

—Sí, si solo hubieran sabido cómo —respondió Colón—. Y una vez que les mostré el camino hacia el Nuevo Mundo, nada es más fácil que seguirlo.

La verdad es que es cien veces más fácil criticar a otros que encontrarles soluciones a los problemas. Pero la crítica no le lleva a ninguna parte. Ayude a las personas bajo su influencia a ignorar a los críticos y mantener sus ojos en el cuadro completo. Muéstreles que la mejor manera de silenciar las críticas es solucionar el problema y continuar.

Entrénelos para que no se abrumen por los retos

Un jugador novato de las Grandes Ligas enfrentó al lanzador Walter Johnson por vez primera cuando este estaba en su apogeo. Al bateador le cantaron dos strikes de inmediato y se regresó al banco. Le dijo al árbitro que se quedara con el tercer strike, ya era suficiente para él.

Es probable que casi cualquiera se desanime al enfrentar problemas difíciles. Por eso es una buena idea dirigir a las personas a través de sus conflictos, especialmente a principios del proceso de ser su mentor cuando comienza a ayudarlos a navegar. Anímelos a mantener una actitud positiva y bríndeles estrategias para solucionar los problemas.

El experto en administración Ken Blanchard recomienda un proceso de cuatro pasos para solucionar problemas que incluye: (1) pensar en el problema para así poder hacerlo específico, (2) crear teorías para solucionarlo, (3) predecir las consecuencias al establecer las teorías, y (4) elegir cuál método usar basados en un panorama amplio.

No hay problemas imposibles. El tiempo, el pensamiento y una actitud positiva pueden solucionar casi cualquier cosa.

Anímelos a buscar soluciones sencillas

Hay un par de elementos claves para el método más efectivo de solucionar problemas. La primera es reconocer que la manera sencilla de solucionarlo es mejor que la más sagaz. Un ejemplo de la vida de Thomas Edison ilustra bien este punto. Se dice que tenía una manera singular de emplear ingenieros. Le daba al solicitante un bombillo y le preguntaba: «¿Qué cantidad de agua puede contener?». Había dos maneras en las que los ingenieros casi siempre trataban de solucionar el problema. La primera era medir todos los ángulos del bombillo, y luego utilizar esas medidas para calcular el área de la superficie. Ese método algunas veces tomaba tanto como veinte minutos. La segunda manera era llenar el bombillo con agua y luego derramar el contenido en una taza de medir, lo cual generalmente tomaba un minuto.[6] Edison jamás empleó a los ingenieros que usaron el primer método. Él no quería que lo impresionaran, deseaba que brindaran resultados sencillos.

El segundo elemento en la solución efectiva de los problemas es la habilidad de tomar decisiones. Thomas J. Watson, antiguo director de IBM, creía que solucionarlos rápidamente era esencial para progresar. «Soluciónelo», afirmaba. «Soluciónelo rápido, bien o mal. Si lo soluciona mal, rebotará y lo golpeará en el rostro, y entonces podrá resolverlo bien. Quedarse muerto en el agua y no hacer nada es una alternativa cómoda porque no es arriesgada, pero es una manera absolutamente fatal de administrar un negocio». También es una terrible manera de la gente de administrar sus vidas. Ayude a otros a percatarse de cuándo necesitan ajustar el curso, encontrar soluciones sencillas en las que crean, y ejecutarlas sin demora. No permita que continúen viajando extraviados por ningún tiempo.

Inculque confianza en ellos

Un obstáculo al ayudar a otros con sus problemas y errores es que pueden dudar de ellos mismos. Anime continuamente a las personas que ayuda. George Matthew Adams afirmó: «Lo que usted piensa es más significativo que ninguna otra cosa en su vida. Más de lo que gana, más de lo que cuesta su casa, más que su posición social, y más que lo que alguien pudiera pensar de usted». El tamaño de la seguridad de los individuos y la calidad de su actitud son más importantes que el de ningún problema que puedan enfrentar. Si aquellos a quienes sirve como mentor se mantienen confiados, serán capaces de vencer cualquier obstáculo.

El guía se queda con la gente

Por último, el buen guía viaja con las personas a las que está guiando. No da instrucciones para luego marcharse. Viaja al lado de las personas como su amigo.

A medida que acompañe a algunas de las personas que usted influencia y guía, tanto usted como ellos podrían experimentar momentos difíciles. Usted no será perfecto ni tampoco lo serán ellos, pero recuerde las palabras de Henry Ford: «Su mejor amigo es aquel que saca a relucir lo mejor que hay en usted». Esfuércese por seguir ese objetivo y ayudará a muchas personas.

Una vez que ellas aprendan a convertirse en individuos que son eficientes para buscar soluciones a los problemas y puedan guiarse por su cuenta, sus vidas comienzan a cambiar dramáticamente. Ya no se sienten indefensos ante las difíciles circunstancias de la vida. Aprenden a resistir los embates, y hasta pueden esquivar algunos. Una vez que la solución de problemas se convierta en un hábito, ningún desafío parecerá demasiado grande.

La habilidad de atravesar los problemas y sobreponerse a los obstáculos es una destreza que cualquiera puede aprender, pero implica práctica. Conviértase en guía en la vida de los demás. Podrá usar su influencia para ayudarlos a avanzar al próximo nivel, y si los asiste durante sus horas más tenebrosas, serán sus amigos por toda la vida.

Guíe a otras personas

- **Identifique su meta.** Piense en los tres individuos que decidió desarrollar. ¿Cuáles son las metas de ellos? Observe qué los hace llorar, cantar y soñar. Escriba esas cosas aquí:

    Persona 1: _____
        Llora: _____
        Canta: _____
        Sueña: _____

    Persona 2: _____
        Llora: _____
        Canta: _____
        Sueña: _____

    Persona 3: _____
        Llora: _____
        Canta: _____
        Sueña: _____

- **Anticipe.** Basado en su experiencia y conocimiento de estas personas, enumere las dificultades que piense que puedan enfrentar en el futuro cercano:

    1. _____
    2. _____
    3. _____

- **Planifique.** ¿Cómo puede ayudarlos guiándoles a través de estos problemas potenciales? Escriba lo que pueda hacer y cuándo debe hacerlo.

  1. _____
  2. _____
  3. _____

8

UNA PERSONA DE
INFLUENCIA... CONECTA
CON LAS PERSONAS

¿Ha participado alguna vez de una reunión familiar o de
antiguos compañeros de escuela? Puede ser divertido ya
que le ofrece la oportunidad de conectarse con personas que no
ha visto en mucho tiempo. En una ocasión, John fue a una de
estas reuniones y la pasó muy bien. Dejemos que él le cuente:

> Mi primer trabajo al salir de la universidad en 1969 fue en
> una pequeña iglesia en Hillham, Indiana. Allí fui el pastor
> rector durante tres años. La iglesia realmente creció en el bre-
> ve tiempo que Margaret y yo estuvimos allí, tanto que tuvi-
> mos que construir un edificio nuevo en 1971 para acomodar
> a toda la gente. Recordamos esos tres años como un momen-
> to crucial de crecimiento en nuestras vidas que en verdad
> disfrutamos, y del cual nos beneficiamos.

Un día, recibí una llamada telefónica de aquella pequeña iglesia rural. La persona que llamaba explicó emocionada
que estaban listos para celebrar el vigésimo quinto aniversa-
rio del edificio que construimos. Estaban preparándose para
un gran servicio e invitar a todo el mundo en los alrededores
a que celebraran con ellos. Entonces la persona al otro lado
del teléfono hizo una pausa y aclaró su garganta. Y finalmente preguntó: «Dr. Maxwell, ¿estaría dispuesto a regresar y
predicarnos durante ese servicio dominical?».

«Me encantaría hacerlo», le dije. «Sería un honor.
Simplemente dígame el día, y estaré allí».

Durante los próximos meses, pasé algún tiempo pensan-
do en cómo podía convertir ese día en algo grande para ellos.
Lo último que deseaba era volver como algún tipo de héroe.
Sabía que necesitaba maneras de conectarme con ellos.

Lo primero que hice fue pedirles que me enviaran una
copia del directorio de la iglesia con los retratos y los nombres de todas las personas en su congregación. En el libro
había muchos rostros que pude reconocer. Algunas personas
tenían menos pelo de lo que recordaba, y gran parte de ese
cabello estaba gris, pero conocía los rostros detrás de aquellos
veinticinco años de arrugas. Muchos otros me resultaron
nuevos. Hijos e hijas de aquellos que amaba, y algunos nombres nuevos que no reconocía. Me pasé varias horas escudri-
ñando aquellas fotos y memorizando los nombres.

Entonces preparé el mejor mensaje que pude, lleno de
relatos de nuestras experiencias comunes. Les hice partícipes
de algunos de mis errores y recordé todas sus victorias.
Quería que supieran que todos tenían parte en mi éxito.

Pero sabía que más importante que el mensaje que pre-
dicara o cualquier otra cosa que hiciera, era el tiempo que
pudiera pasar con ellos. Así que cuando llegó el momento,
Margaret y yo volamos anticipadamente, y nos pasamos el
sábado por la tarde con algunos de los veteranos que fueron

parte tan vital de nuestro ministerio veinticinco años antes. Juntos recordamos cosas maravillosas. Les hablé de algunos de mis recuerdos más queridos, y entonces me sorprendieron con unos cuantos relatos suyos. Al día siguiente, llegué temprano a la iglesia para saludar a la gente mientras arribaban al santuario. Les prediqué un mensaje alentador. Aunque habían hecho unas cosas maravillosas desde la última vez que los vi, les dije que podía observar que su mayor potencial estaba en sus próximos veinticinco años. Sus mejores tiempos estaban por delante, y cuando me fui, sentí que no solo renové a algunos viejos conocidos, sino que también hice muchos nuevos amigos.

El tiempo que John pasó con las personas en Hillham fue breve, pero en ese corto lapso, pudo hacer algo importante para ellos y para él. Se conectó con ellos.

CONECTARSE CAPACITA A OTROS PARA VIAJAR A UN NIVEL SUPERIOR

La conexión es una parte muy importante del proceso de ser mentor de las personas y es absolutamente crítico si desea influir en las personas de manera positiva. Cuando guía a los demás, va a su lado y viaja en su camino por un tiempo, ayudándolos a lidiar con algunos de los obstáculos y dificultades en sus vidas. Pero cuando se conecta con ellos, les está pidiendo que se acerquen a usted y viajen por su camino para beneficio mutuo.

¿Ha ido alguna vez a un estacionamiento ferroviario y visto cómo todos los vagones desconectados se unen para formar un tren activo? Es un proceso bastante complicado. Todo comienza con la locomotora. Primero, cambia al mismo riel del vagón que va a recoger. Luego se mueve a donde está el vagón, retrocede, se pone en contacto con el mismo, y se conecta. Una vez conectados se movilizan a su destino.

Algo parecido debe suceder antes de que pueda lograr que las personas viajen con usted. Tiene que averiguar dónde están, acercárseles, y conectarse con ellas. De poder hacerlo con éxito, puede llevarlos a nuevas alturas en su relación y en su desarrollo. Recuerde, el camino al siguiente nivel siempre es cuesta arriba, y las personas necesitan ayuda para llegar al nivel superior.

Nueve pasos para conectarse con las personas

Afortunadamente, no tiene que ser ingeniero para conectarse con las personas, pero requiere esfuerzo para que se realice esa conexión. Necesitará destrezas de comunicación, deseo de ayudar a las personas a crecer y cambiar, y un sentido de misión personal o propósito, después de todo, tiene que saber a dónde va para llevarse a otros consigo.

Observe los siguientes pasos, y úselos para ayudarse a conectarse con las personas que usted influencia.

1. No menosprecie a las personas

Solo puede conectarse con las personas y dirigirlas cuando las valora. Los líderes débiles se involucran tanto en la visión a la que van que olvidan a los que tratan de dirigir. Sin embargo, no puede menospreciarlos por mucho tiempo antes de que su liderazgo comience a derrumbarse; y no podrá conectarse con ellos.

Una maravillosa historia narrada por el expresidente de la Cámara de representantes, Tip O'Neill, revela lo que puede suceder cuando uno menosprecia a las personas. Contó que un día de elecciones, una vecina anciana se le acercó después de votar y le dijo:

—Tip, voté hoy por ti aunque no me lo pediste.

O'Neill se sorprendió.

—Señora O'Brien —dijo—, la conozco de toda mi vida. Le saqué la basura, le corté la grama, recogí la nieve por usted. No creí que tuviera que pedírselo.

—Tip —dijo ella en tono maternal—, siempre es agradable que se lo pidan a uno.

O'Neill indicó que jamás olvidó ese consejo.

Valorar a las personas es el primer paso en el proceso de conexión, y tiene beneficios adicionales. Cuando les expresa que no las menosprecia, terminan haciendo lo mismo por usted. Bill McCartney, amigo de John y exentrenador de fútbol americano de los Búfalos de Colorado State, afirma: «Siempre que menosprecia a las personas, se cuestiona que Dios los haya creado». Jamás podrá decirles cuánto les ama con demasiada frecuencia, en voz muy alta, o en presencia de mucha gente.

2. Hay que tener una mentalidad que cambie las cosas

Si desea realizar algo grande y quiere verlo hecho realidad, necesita una actitud que cambie las cosas. Cada vez que crea que no puede hacerlo, no lo hará. ¿Cómo puede cultivar una mentalidad firme que desee cambiar las cosas?

Crea que puede cambiarlas. Cada individuo en esta tierra, incluido usted, tiene potencial para cambiar las cosas. Pero solo puede hacerlo si cree en sí mismo y está dispuesto a entregarse a otros. Como dijera Helen Keller: «La vida es un negocio emocionante y más emocionante cuando se vive para otros». Es posible que no pueda ayudar a todo el mundo, pero ciertamente puede ayudar a *alguien*.

Crea que lo que comunica puede cambiar las cosas. Nosotros dos pasamos gran parte de nuestras vidas conectándonos y comunicándonos con la gente. Entre los dos, impactamos a más de un millón de personas cada año. Si creyéramos que lo que les comunicamos no cambiará las cosas, dejaríamos de hacerlo mañana. Pero sabemos que podemos ayudar a los demás a cambiar sus vidas. Creemos que todo surge o se desploma por el liderazgo. Estamos seguros de que las actitudes de los individuos los edifican o los derrumban. Y sabemos que no hay gozo, paz ni significado en una vida sin fe.

Usted debe creer que lo que tiene que ofrecerles a las personas puede cambiar sus vidas. Nadie quiere seguir a una persona sin convicción. Si no lo cree, tampoco lo harán los demás.

Crea que la persona con quien se comunica puede cambiar las cosas. Leímos sobre algo llamado la regla de reciprocidad en el comportamiento humano. Ella afirma que, con el tiempo, las personas llegan a compartir actitudes similares. En otras palabras, si tenemos una opinión alta de usted y continuamos sosteniéndola, a la larga, llegará a sentir igual respecto a nosotros. Ese proceso construye una conexión entre usted y nosotros, y abre el camino para una asociación poderosa.

Crea que juntos podemos cambiar mucho las cosas. La madre Teresa era un ejemplo vivo de una verdad que expresara en cierta ocasión: «Puedo hacer lo que usted no puede, y usted puede hacer lo que soy incapaz de hacer. *Juntos* podemos hacer grandes cosas». Nadie jamás logra solo lo que puede hacer cuando se asocia con otros, y cualquiera que no reconozca eso reduce increíblemente su potencial.

Si desea conectarse con las personas y llevarlas a un nivel superior, reconozca la diferencia que pueden marcar como equipo, y reconózcala en cada oportunidad.

3. Inicie el movimiento hacia ellos

Según Tom Peters y Nancy Austin: «El principal problema de productividad administrativa en Estados Unidos es, sencillamente, que los supervisores están desconectados de su gente y de sus clientes».[1] La falta de contacto y comunicación es un problema que afecta a muchos, no solo a los administradores de las organizaciones. Quizás por eso es que el experto en ventas Charles B. Ruth dice: «Hay muchos casos de vendedores que no tienen nada que ofrecer a un prospecto más que amistad, y venden más que aquellos que tienen todo para ofrecer, excepto amistad».[2]

Creemos que hay muchas razones por las que las personas no se conectan más entre ellas mismas. Una razón importante, especialmente en las organizaciones, es que muchos líderes creen que es responsabilidad del seguidor iniciar contacto con ellos; pero lo cierto es lo opuesto. Para ser efectivos, los líderes deben ser iniciadores. Si no se acercan a su gente, en el lugar donde están, e inician la relación, entonces ochenta por ciento del tiempo no se realizará conexión alguna.

4. Busque intereses mutuos

Siempre que desee conectarse con otros, comience en donde ambos concuerden. Y eso significa encontrar intereses mutuos. Si usted ha desarrollado buenas destrezas para escuchar, como hablamos en el capítulo 4, probablemente podrá detectar áreas en las que tienen experiencias o puntos de vista comunes. Hable de sus pasatiempos, dónde ha vivido, su trabajo, deportes o los hijos. Lo que discuta no es tan importante como su actitud. Sea positivo, y trate de ver las cosas desde el punto de vista de la otra persona. Ser receptivo y amable es la mitad de la batalla. Como se dice algunas veces: «En igualdad de condiciones, las personas harán negocios con aquellos que les agradan. Y en desigualdad de condiciones, de todas formas lo harán».

A veces, aunque encuentren intereses mutuos, pueden enfrentar obstáculos en el proceso de comunicación. Si detecta que las personas con las cuales trata de conectarse titubean al acercárseles, trate de encontrarse con ellas en un terreno común emocional. Una excelente manera de hacerlo es usando algo que llamamos *sienten, sintió, y encontró* para ayudarlos a que se relacionen con usted. Primero, trate de intuir lo que *sienten*, y reconozca y valide esos sentimientos. Si tuvo sentimientos parecidos en el pasado, entonces comparta con ellos acerca de cómo usted también se *sintió* de la misma manera anteriormente. Por último, expréseles lo que *encontró* que le ha ayudado a resolver esos sentimientos.

Una vez que se acostumbre a buscar los intereses mutuos con otros, se percatará de que puede hablarle a casi todo el mundo y encontrarles en donde se hallen. Y cuando puede hacer eso, será capaz de establecer la conexión.

5. Reconozca y respete las diferencias de personalidad

Podemos hallar cosas en común con otros, pero igualmente necesitamos reconocer que todos somos diferentes. Ese es uno de los grandes gozos de la vida, aunque no siempre lo veamos de esa manera. Un instrumento excelente para entender a los demás es un libro de una amiga de John, Florence Littauer llamado *Enriquezca su personalidad*. En él, ella describe cuatro tipos básicos de personalidad:

- **Sanguíneo:** desea diversión; es extrovertido, orientado a las relaciones, gracioso, independiente, popular, artístico, emotivo, activo y optimista.
- **Melancólico:** anhela perfección; es introvertido, orientado a las tareas, artístico, emotivo, orientado a las metas, organizado y pesimista.
- **Flemático:** desea la paz; es introvertido, no es emotivo, tiene el carácter fuerte, orientado a las relaciones, pesimista e impulsado por los propósitos.
- **Colérico:** desea poder o control; de carácter fuerte, decisivo, orientado a las metas, organizado, poco emotivo, activo, extrovertido y optimista.[3]

Casi todo el mundo con quien trate de conectarse pertenece a una de esas categorías (o tiene las características de dos categorías complementarias). Por ejemplo, John es un clásico colérico sanguíneo. Le encanta divertirse, es decidido y naturalmente toma el control en casi todas las situaciones. Jim, por otro lado, es melancólico flemático. Es un pensador analítico al que no lo impulsan las emociones y casi siempre es introvertido.

Al conectarse con los demás, reconozca y respete sus diferencias en motivación. Con los coléricos, relaciónese con fortaleza. Con los melancólicos, vincúlese enfocándose. Con los flemáticos, conéctese siendo asertivo. Y con los sanguíneos, conéctese con emoción.

Préstele atención a la personalidad de la gente y haga lo mejor posible por ubicarse donde están. Apreciarán su sensibilidad y comprensión.

6. ENCUENTRE LA LLAVE PARA LA VIDA DE LOS DEMÁS

El industrial Andrew Carnegie tenía una habilidad extraordinaria para entender a las personas y lo que era importante para ellas. Se dice que cuando niño, en Escocia, tenía un conejo que tuvo una camada de conejitos. Para alimentarlos, Carnegie les pidió a los muchachos del vecindario que recogieran tréboles y dientes de león. Como recompensa, cada chico le puso su nombre a un conejito.

Ya adulto, Carnegie hizo algo parecido que mostró lo bien que entendía a las personas. Como quería venderle su acero a la compañía ferroviaria de Pensilvania, cuando construyó un nuevo taller metalúrgico en Pittsburgh, lo llamó Fábrica de Acero J. Edgar Thompson, como el presidente de la compañía ferroviaria de Pensilvania. Este se sintió tan halagado por el honor que de ahí en adelante le compró todo su metal a Carnegie.

Usted no tiene que ser un Carnegie para conectarse con los demás. Simplemente necesita saber qué es importante para ellos. Todo el mundo tiene una llave para su vida. Lo único que tiene que hacer es encontrarla. He aquí dos pistas para ayudarlo en eso: para entender la mente de una persona, mire lo que ha alcanzado. Para entender su corazón, mire lo que aspira hacer. Eso lo ayudará a encontrar la llave, y una vez que lo haga, úsela con integridad. Emplee la llave solo cuando tenga autorización de la persona, y aun así úsela solo para el beneficio de ella, no para el suyo; para ayudar, no para herir.

7. COMUNÍQUESE DE CORAZÓN

Una vez que inicie la conexión con los demás, que encuentre intereses mutuos y que descubra lo que realmente les importa, comuníqueles lo que a usted le interesa. Eso requiere que les hable de corazón.

Ser genuino es el factor más importante al comunicarse con otros, ya sea en forma individual o ante un gran público. Ninguna cantidad de conocimiento, técnica o habilidad de respuesta rápida puede sustituir la sinceridad y el genuino deseo de ayudar a los demás.

Abraham Lincoln era muy reconocido por su buena comunicación, y en el centro de esa destreza estaba su habilidad para hablar de corazón. En 1842, Lincoln se dirigió a los miembros de la Sociedad de Temperancia de Washington. Durante su discurso titulado «Caridad al reformar la temperancia», hizo la siguiente observación: «Si desea ganar a un hombre para su causa, convénzalo primero de que usted es su amigo sincero... Crea que puede imponerle su criterio, u ordenar sus acciones, o señalarlo como alguien a quien hay que evitar y despreciar, y se refugiará en sí mismo... No podrá penetrarlo más que lo que podría traspasar el caparazón de una tortuga con una fibra de heno».[4]

Al comunicarse con los demás para establecer conexiones, comuníquese de corazón y sea sincero.

8. COMPARTA EXPERIENCIAS COMUNES

Para conectarse realmente con otros, tiene que hacer algo más que encontrar intereses mutuos y comunicarse bien. Debe encontrar una manera de cimentar la relación. Joseph F. Newton dijo: «Las personas están solas porque construyen murallas en vez de puentes». Para construir puentes que lo conecten a los demás en forma perdurable, hablen acerca de las experiencias comunes.

Coma con otras personas. Vayan a algún partido deportivo juntos. Llévese a alguien durante una cita o una visita. Todo lo que experimenten juntos que pueda crear una historia común ayuda a conectarlo con otros.

Un maravilloso relato de conexión proviene de la carrera de Jackie Robinson, el primer afroamericano en jugar Béisbol de Grandes Ligas. Robinson enfrentó turbas burlonas, amenazas de muerte, y mucho abuso en casi todos los estadios que visitó mientras rompía la barrera de color en el béisbol. Un día, en su estadio en Brooklyn, cometió un error, e inmediatamente sus propios fanáticos comenzaron a ridiculizarlo. Se quedó en la segunda base, humillado, mientras los fanáticos lo abucheaban. Entonces el campo corto Pee Wee Reese se paró a su lado. Puso el brazo sobre los hombros de Robinson y miró a la muchedumbre. Los fanáticos se aquietaron. Dicen que Robinson luego afirmó que el brazo de Reese alrededor de su hombro salvó su carrera.

Busque maneras de construir puentes con las personas en quienes influye, especialmente cuando pasan por la adversidad. Las conexiones que haga fortalecerán sus relaciones de manera increíble y los prepararán para la jornada que pueden emprender juntos.

9. UNA VEZ CONECTADOS, AVANCE

Si desea influenciar a las personas y moverlas en la dirección correcta, tiene que conectarse con ellas antes de intentar llevarlas a ninguna parte. Intentar hacerlo antes de conectarse es un error común de los líderes inexperimentados. Tratar de moverlos antes de pasar por el proceso de la conexión puede llevar a la desconfianza, la resistencia y las relaciones tensas. Recuerde siempre que tiene que compartir su persona antes de tratar de compartir el viaje con otro. Como dijo alguien en una ocasión: «El liderazgo es cultivar hoy en las personas una disposición futura para que le sigan a algo nuevo en nombre de alcanzar algo maravilloso». La conexión crea esa disposición.

CONÉCTESE CON LAS PERSONAS

- **Evalúe su conexión actual.** ¿Cuán fuerte es su conexión con las personas principales cuyas vidas está influenciando? ¿Conoce la llave para la vida de cada una de esas personas? ¿Ha establecido un interés mutuo? ¿Les unen las experiencias comunes? Si su conexión no es tan fuerte como pudiera ser, recuerde que su función es iniciarla. Programe tiempo durante la próxima semana para tomar café, comer juntos o simplemente conversar con cada persona.
- **Conéctese a un nivel más profundo.** Si nunca ha invertido algún tiempo significativo con las principales personas en un contexto informal, programe tiempo para hacerlo durante el mes siguiente. Planifique un retiro o una escapada de fin de semana, e incluya a sus cónyuges; o llévelos a un seminario o a una conferencia. Lo más importante es darse oportunidades para conectarse a un nivel más profundo y participar en experiencias comunes.
- **Comunique su visión.** Una vez que se conecte bien con su gente, comparta con ellas sus esperanzas y sueños personales. Proyecte la visión para el futuro que pueden compartir e invíteles a unírsele en el viaje.

9

UNA PERSONA DE INFLUENCIA... IMPULSA Y FACULTA A LAS PERSONAS

Gran parte del negocio de Jim incluye reunirse con mucha frecuencia con algunos de sus principales líderes, y como vienen de todas partes del país y del mundo, él se ocupa de programar las reuniones en varios lugares. A lo largo del tiempo, uno de los lugares favoritos de Nancy y de él ha sido Deer Valley, cerca de Salt Lake City, Utah. Años atrás, mientras estaban allí con algunos de sus líderes, sucedió algo interesante. Jim le contará:

> Deer Valley realmente es un lugar hermoso. En el invierno es buenísimo para esquiar, y en el verano tiene montañas maravillosas cubiertas de bosques y veredas llenas de flores silvestres. Realmente disfrutamos descansando allí y usando el lugar para reunirnos con algunos de nuestros allegados.

Un año pasamos un tiempo con un grupo de unas diez parejas en varios apartamentos en Deer Valley, justo en las pistas de esquiar. La pasamos muy bien.

Cuando estábamos listos para salir, empacamos nuestras cosas y pasamos por la oficina administrativa para pagar, camino al aeropuerto. Pero mientras tratábamos de arreglar nuestra cuenta, descubrimos que a una pareja del grupo se le había quedado la llave de su cuarto en su condominio.

—Tendré que cobrarle veinticinco dólares por la llave extraviada —dijo el dependiente.

Reconozco que me sorprendí un poco. Habíamos sido sus clientes desde hacía ocho años y habíamos gastado miles de dólares en el lugar la semana anterior.

—Mire —le dije—, entiendo que tengan una regla respecto a las llaves perdidas, pero la llave está en el cuarto. Si volvemos a recogerla, perderemos nuestro vuelo. ¿Acaso podría omitir el recargo?

—No —dijo—, la regla es que tengo que añadir el gasto a su cuenta.

Pese a recordarle nuestra historia con su compañía y decirle que no me sentía bien respecto al recargo, no cedía. En realidad, era muy inflexible, y me irrité verdaderamente. Mientras esperaba allí, calculé cuánto dinero habíamos gastamos allí en el transcurso de los años, ¡y me di cuenta que el estaba arriesgando nuestra relación de cien mil dólares con su compañía por una llave de veinticinco!

Al final, nos fuimos y pagamos el recargo. De camino al aeropuerto, Nancy y yo hablamos del incidente, y pensé que realmente no era culpa del empleado. El problema era el dueño que no lo entrenó apropiadamente.

—Ese tipo de cosa me enloquece —dijo ella—. Algunas personas simplemente no entienden. ¿Sabes quiénes son justamente lo opuesto a eso? —preguntó—.

Nordstrom. Son increíbles. No te conté lo que me sucedió la otra noche antes de salir para Deer Valley. Fui a Nordstrom para comprarle unas pijamas a Eric. Recogí unas que sabía que le gustarían, pero le dije a la vendedora que necesitaba que le arreglaran el ruedo a los pantalones ya que saldríamos de viaje temprano a la mañana siguiente. Ni siquiera parpadeó, me ofreció tenerlo listo esa misma noche y llevarlos a casa.

¡Y eso fue lo único que compramos! —añadió Nancy—. No es que hubiera gastado mucho dinero. Ella lo hizo solo por un par de pijamas.

Los relatos del excelente servicio en las tiendas por departamentos Nordstrom son legendarios. Cualquiera que compra allí puede testificarlo. Sus empleados son excepcionales porque la compañía se basa en el principio de impulsar y facultar. Esa filosofía de facultar a los empleados se resume en la siguiente declaración que cada empleado recibe al empezar a trabajar allí:

Bienvenidos a Nordstrom

Nos alegra tenerlo en
nuestra compañía.
Nuestra meta principal es proveer
excelente servicio al consumidor.
Propóngase altas metas
personales y profesionales.
Tenemos gran confianza en su habilidad para alcanzarlas.
Reglas de Nordstrom:
Regla #1: Use su buen juicio
en todas las situaciones.
No habrá otra regla.
Favor sentirse en completa libertad

> de preguntar a su supervisor departamental,
> al gerente de la tienda o al supervisor
> de la división general,
> cualquier cosa
> y en cualquier momento.[1]

Las tiendas Nordstrom destacan a las personas, no a las reglas. Creen en su gente, las animan para que alcancen la excelencia y les dan la libertad para que la ejecuten. Como dijera Tom Peters: «Las técnicas no producen productos de calidad ni recogen la basura a tiempo; las personas son quienes lo hacen, individuos que se interesan, que se les trata como adultos que contribuyen con creatividad». Los administradores y el personal de aquella empresa en Deer Valley se beneficiarían mucho si aprendieran esta lección.

LO QUE SIGNIFICA IMPULSAR Y FACULTAR A OTROS

Un artista inglés llamado William Wolcott fue a Nueva York en 1924 para registrar sus impresiones sobre esa fascinante ciudad. Una mañana estaba de visita en la oficina de un antiguo colega cuando le sobrevino la urgencia de dibujar. Al ver papel sobre el escritorio de su amigo, le preguntó:

—¿Podría usar ese papel?

Su amigo le respondió:

—No es papel para dibujar. Es papel común y corriente para envolver.

Sin querer perder aquel destello de inspiración, Wolcott tomó el papel para envolver y dijo:

—Nada es ordinario si se sabe cómo usarlo.

En aquel papel ordinario Wolcott trazó dos dibujos. Ese mismo año, uno de ellos se vendió por quinientos dólares y el otro por mil, una suma bastante importante en 1924.

Aquellos bajo la influencia de una persona que faculta son como el papel en las manos de un artista talentoso. No importa de qué estén hechos, pueden convertirse en tesoros.

La habilidad de impulsar y facultar a los demás es una de las claves para el éxito personal y profesional. John Craig señaló: «No importa cuánto trabajo pueda hacer, ni cuán atractiva sea su personalidad, no podrá llegar muy lejos en los negocios si no puede trabajar con otros». Y el ejecutivo J. Paul Getty declaró: «No importa cuánta experiencia o conocimiento posea un ejecutivo; si no puede alcanzar resultados con las personas, carece de valor».

Cuando uno se convierte en alguien que impulsa y faculta, hace más que trabajar con y a través de las personas. Les capacita para alcanzar los niveles superiores en su desarrollo personal y profesional. En términos sencillos, facultar es darles su influencia con el fin de que crezcan de modo personal y organizativo. Es compartir parte de sí mismo, su influencia, posición, poder y oportunidades, con los demás con el propósito de invertir en sus vidas para que puedan operar a capacidad total. Es ver el potencial de la gente, compartirle sus recursos y mostrarle que cree completamente en ella.

Es posible que ya esté facultando a algunos sin saberlo. Cuando uno le confía a su cónyuge una decisión importante y le apoya con alegría, eso es facultarle. Cuando decide que su hija está lista para cruzar la calle sola y le da el permiso para hacerlo, la faculta. Cuando le delega un trabajo desafiante a una empleada y le da la oportunidad que necesita para hacerlo, la faculta.

El acto de facultar a otros cambia vidas, y para usted y para aquellos que faculta es una situación en la que todos ganan. Dar a otros su autoridad no es como regalar un objeto, su auto, por ejemplo. Si lo regala, se queda varado. Ya no tiene transporte. Sin embargo, facultar a los demás dándoles autoridad tiene el mismo efecto que compartir información: no pierde nada. Usted aumenta la habilidad de los demás sin reducir la suya.

Cualidades de alguien que faculta

Casi todo el mundo tiene potencial para convertirse en un individuo que faculta, pero usted no puede facultarlos a todos. El proceso solo trabaja cuando se satisfacen ciertas condiciones. Debe tener:

Posición

No puede facultar a quienes no dirige. El experto en liderazgo Fred Smith explicó: «¿Quién puede dar permiso para que otra persona tenga éxito? Alguien con autoridad. Muchos pueden animar, pero el permiso solamente viene de una figura de autoridad: un padre, un jefe o un pastor».

Usted puede animar y motivar a todo el que conozca. Puede desarrollar o ayudar a guiar a cualquiera con quien haya tenido una relación de mentor. Pero para facultar a las personas, tiene que estar en una posición de poder sobre ellas. Algunas veces esa posición no tiene que ser formal u oficial. Por ejemplo, si un día fuéramos a un restaurante a almorzar con usted, y nos sintiéramos incómodos por el tiempo transcurrido para que nos traigan la comida, jamás podríamos facultarlo para que vaya a la cocina a prepararnos el almuerzo. No tenemos esa autoridad, así que ciertamente no podemos dársela. El primer requisito al facultar es tener una posición de autoridad sobre aquellos a los que desea otorgarles el poder.

Relación

El segundo requisito para darles autoridad a las personas es estar relacionado con ellas.

Se dice que las relaciones se forjan, no se forman. Requieren tiempo y experiencia común. Si se esfuerza por conectarse con la gente, como hablamos en los capítulos anteriores, cuando esté listo para facultarla, su relación será lo suficientemente firme como para que pueda dirigirla. Y mientras lo hace, recuerde lo que escribió Ralph Waldo Emerson: «Cada hombre [o mujer] tiene el derecho a ser valorado por sus mejores momentos». Cuando uno valora a los individuos y sus relaciones con ellos, prepara el fundamento para darles autoridad.

RESPETO

Las relaciones hacen que las personas deseen estar con usted, pero el respeto hace que quieran que les faculte. El respeto mutuo es esencial para este proceso. El psiquiatra Ari Kiev lo resumió así: «Si desea que otros lo respeten, debe respetarlos... Todos quieren sentir que cuentan para algo y que son importantes para alguien. Invariablemente, ellos darán su amor, respeto y atención a quien satisfaga esa necesidad. La consideración casi siempre refleja fe en sí mismo y en los demás». Cuando uno cree en las personas, se preocupa y confía en ellas, ellas se dan cuenta. Y ese respeto les inspira a desear seguirle a dónde usted lo indique.

COMPROMISO

La última cualidad que necesita un líder para convertirse en alguien que faculta es el compromiso. El ejecutivo de la aerolínea US Airways, Ed McElroy, enfatizó que «el compromiso nos da nuevo poder. No importa qué nos sobrevenga: enfermedad, pobreza o desastre; jamás apartamos nuestro ojo de la meta». El proceso de facultar a otros no siempre es fácil, sobre todo cuando comienza la primera vez. Es un camino que tiene muchos desvíos y huecos, pero vale la pena andar por él ya que las recompensas son enormes. Si necesita un recordatorio del valor de facultar a los demás, recuerde esto: cuando uno faculta a las personas, no solo las influencia; impacta a todos aquellos en quienes ellas influyen. ¡Eso es impacto!

Si tiene autoridad en las vidas de las personas, si ha desarrollado relaciones con ellas, las respeta, y se ha comprometido con el proceso de facultar a otros, está en *posición* de hacerlo. No obstante, hace falta tener otro elemento crucial: la actitud correcta.

Muchos no facultan a otras personas porque se sienten inseguros. Temen que aquellos a quienes lideran los hagan perder sus trabajos. No quieren ser reemplazados o desplazados, aunque implique que podrían avanzar a una posición más alta y dejar la que tienen para que la llene el individuo al que lideran. Le temen al cambio. Sin embargo, el cambio es parte del proceso, para las personas a quienes faculta y para usted mismo. Si desea avanzar, tiene que estar dispuesto a abandonar algunas cosas.

Si no está seguro de donde se encuentra en términos de su actitud hacia los cambios que involucra facultar a los demás, responda a estas preguntas:

PREGUNTAS ANTES DE COMENZAR

1. ¿Creo en las personas y siento que son el recurso más valioso de mi organización?
2. ¿Creo que al facultar a otros se puede alcanzar más que con los logros individuales?
3. ¿Busco activamente líderes potenciales para facultarlos?
4. ¿Estaría dispuesto a levantar a otros a un nivel de liderazgo superior al mío?
5. ¿Estaría dispuesto a invertir tiempo desarrollando personas que tengan potencial para el liderazgo?
6. ¿Estaría dispuesto a permitir que otros reciban crédito por lo que les enseñé?
7. ¿Les permito a otros tener libertad de personalidad y proceso, o tengo que estar yo en control?

8. ¿Estaría dispuesto a darles públicamente mi autoridad e influencia a líderes potenciales?
9. ¿Estaría dispuesto a dejar que otros me saquen de un trabajo?
10. ¿Estaría dispuesto a entregar el bastón del liderazgo a la persona que faculto y apoyarla verdaderamente?

Si responde negativamente a más de dos o tres de estas preguntas, tal vez usted necesita un ajuste de actitud. Necesita creer lo suficiente en los demás como para darles todo lo que pueda, y en sí mismo como para saber que eso no le dañará. Solo recuerde que siempre y cuando continúe creciendo y desarrollándose, tendrá algo que dar, y no necesita preocuparse por que lo desplacen.

Cómo facultar a otros para que alcancen su potencial

Una vez que tenga confianza en sí mismo y en las personas que desea facultar, estará listo para comenzar el proceso. Su meta debería ser delegar tareas relativamente pequeñas y sencillas al principio y aumentar en forma progresiva sus responsabilidades y autoridad. Mientras más novatos sean aquellos con los que trabaja, más tiempo tomará el proceso. Pero no importa si son aprendices o veteranos, aun así es importante llevarlos a través de todo el proceso. Use los siguientes pasos para guiarse mientras faculta a otros:

1. Evalúelos

El punto de partida para facultar a las personas es evaluarlas. Si les otorga demasiada autoridad y en poco tiempo a personas sin experiencia, puede prepararlos para el fracaso. Si se mueve muy lentamente con los que tienen mucha experiencia, puede frustrarlos y desmoralizarlos.

A veces, cuando los líderes malinterpretan la capacidad de los demás, los resultados pueden ser divertidos. Por ejemplo, leímos sobre un incidente de la vida de Albert Einstein que ilustra este punto. En 1898, Einstein solicitó ingresar al Instituto Técnico de Munich y fue rechazado porque «nunca llegaría lejos». Por eso, en lugar de ir a la escuela, trabajó como inspector en la Oficina Suiza de Patentes en Berna. Y en su tiempo libre, se dedicó a redactar y pulir su teoría de la relatividad.

Recuerde que todas las personas tienen potencial para triunfar. Su trabajo es ver el potencial, averiguar qué es lo que les falta para desarrollarlo y darles las herramientas que necesiten. Mientras evalúa a las personas que procura facultar, observe estas áreas:

- **Conocimiento.** Piense en lo que deben saber las personas para que puedan realizar cualquier tarea que usted desea que hagan. No suponga que saben todo lo que usted sabe. Hágales preguntas. Déles historia o información anterior. Ofrézcales una visión del panorama y cómo sus acciones encajan en la misión y las metas de la organización. El conocimiento no solo da poder; también faculta.
- **Destreza.** Examine el nivel de destreza de quienes desea fortalecer. No hay nada más frustrante que el hecho de que alguien le pida que haga algo para lo que no tiene habilidad. Observe lo que hicieron antes así como lo que hacen ahora. Algunas destrezas son inherentes, otras hay que aprenderlas mediante el entrenamiento o la experiencia. Su trabajo al facultar es averiguar lo que requiere el trabajo y asegurarse de que su gente tiene lo que necesita para alcanzar el éxito.
- **Deseo.** El filósofo griego Plutarco señaló: «El suelo más rico, si no es cultivado, produce las peores yerbas».

Ninguna cantidad de destreza, conocimiento o potencial puede ayudar a las personas a alcanzar el éxito si ellas no desean ser exitosas. Pero cuando el deseo está presente, dar la autoridad es sencillo.

2. SEA UN MODELO

Aun aquellos con conocimiento, destreza, y deseo necesitan saber qué se espera de ellos, y la mejor manera de informarles es mostrándoselos. La gente hace lo que ve. Una breve parábola acerca de un muchacho agricultor que vivía en una región montañosa de Colorado ilustra este punto. Un día, el chico subió a un lugar elevado y encontró el nido de un águila con huevos. Tomó uno de los huevos mientras el águila estaba ausente, lo llevó a la finca y lo puso bajo una gallina que empollaba los suyos.

Los huevos se abrieron uno a uno, y cuando el pichón de águila salió de su cascarón, no tuvo razón alguna para creer que fuera otra cosa que un pollo. Así que hizo todo lo que los otros pollitos hacían en la finca. Raspaba el patio buscando granos, intentaba cacarear, mantenía sus pies firmemente plantados en el suelo, aunque la cerca alrededor del gallinero tenía solo pocos metros de altura.

Un día, un águila sobrevoló el corral de las gallinas. El águila joven escuchó su graznido y lo vio bajar sobre un conejo en el campo. En aquel momento, el águila joven se percató de que no era como las gallinas del corral. Abrió sus alas, e inmediatamente levantó el vuelo tras el águila. No fue hasta ver a uno de su clase volando que supo quién era o de lo que era capaz.

Las personas a las que desea facultar tienen que percibir cómo se vuela. Como su mentor, usted tiene la mejor oportunidad de mostrárselos. Sea un modelo de la actitud y la ética laboral que desea que adopten. Y siempre que los incluya en su trabajo, lléveselos consigo. No hay mejor manera de ayudarlos a aprender y a entender lo que quiere que hagan.

3. Permítales alcanzar el éxito

Como líder y persona de influencia, puede creer que todo el mundo desea tener éxito y que se esfuerzan por ello de manera automática, tal vez como lo hizo usted. Pero no todos en quienes influya pensarán igual que usted. Tiene que ayudarles a creer que pueden alcanzar el éxito y mostrarles que quiere que lo logren. ¿Cómo puede hacerlo?

- **Espérelo.** Danny Cox, autor y conferencista profesional aconseja: «Lo importante es recordar que si usted carece de ese entusiasmo inspirado y contagioso, lo que tenga también se contagiará». Los individuos pueden sentir su actitud subyacente pese a lo que diga o haga. Si espera que su gente sea triunfadora, lo sabrá.

- **Exprésalo verbalmente.** A las personas les hace falta escuchar que cree en ellas y quiere que tengan éxito. Dígales frecuentemente que sabe que lo van a lograr. Envíeles notas alentadoras. Conviértase en un profeta positivo de su triunfo.

- **Refuércelo.** Cuando se trata de creer en las personas, jamás podrá hacer demasiado. El experto en liderazgo Fred Smith hizo un hábito de la costumbre de dar a otros mucho refuerzo positivo. Dijo: «A medida que reconozco el éxito, trato de ampliar los límites de los horizontes de los demás. Podría decir: "¡Eso es magnífico!", pero no paro ahí. Mañana podría regresar, repetir el halago, y decir: "El año pasado, ¿te habrías creído capaz de hacer eso?" Puedes sorprenderte de lo que serás capaz de alcanzar el año que viene».

Una vez que las personas reconozcan y entiendan que verdaderamente desea verlos alcanzar el éxito y que está comprometido a ayudarlas, comenzarán a creer que pueden alcanzar lo que les dé para hacer.

4. TRANSFIÉRALES AUTORIDAD

El verdadero meollo al facultar es la transferencia de su autoridad, e influencia, a las personas que dirige y desarrolla. Muchos están dispuestos a otorgar responsabilidad a los demás. Delegan las tareas gustosamente. Pero facultar a otros es algo más que compartir su carga de trabajo. Es compartir su poder y habilidad para realizar las cosas.

El experto en administración Peter Drucker declaró: «Ningún ejecutivo sufrió jamás porque sus subordinados fueran fuertes y eficientes». Las personas llegan a ser fuertes y eficientes solo cuando se les ofrece la oportunidad de tomar decisiones, iniciar la acción, solucionar problemas, y enfrentar los retos. Cuando uno les faculta, los ayuda a desarrollar la habilidad de trabajar independientemente bajo su autoridad.

A medida que comience a darle autoridad a su gente, deles retos que usted sepa que ellos pueden alcanzar y conquistar. Esto les dará confianza y una oportunidad de probar su nueva autoridad y aprender a usarla con sabiduría. Y una vez que empiecen a ser eficientes, deles tareas más difíciles. Una buena regla es que si otra persona puede hacer un trabajo ochenta por ciento tan bien como usted, ¡delégueselo! A fin de cuentas, su meta es impulsarles y facultarles tan bien que puedan llegar a enfrentar casi cualquier reto que les sobrevenga. Con el tiempo, desarrollarán su propia influencia con los demás de modo que ya no necesitarán de la suya para ser eficientes.

5. MUESTRE PÚBLICAMENTE SU CONFIANZA EN ELLOS

Al principio, cuando les transfiera autoridad a las personas que faculta, debe decirles que cree en ellas, y tiene que hacerlo públicamente. El reconocimiento público les muestra que cree en su éxito. Pero también hace que quienes trabajan con ellos sepan que tienen su apoyo y que su autoridad los respalda. Es una manera tangible de comunicar (y difundir) su influencia.

6. Proporcióneles retroalimentación

Aunque tiene que halagar públicamente a su gente, no puede dejar que continúe por mucho tiempo sin retroalimentación sincera y positiva, su labor. Reúnase con ellos en privado para dirigirlos a través de sus errores, fallas, y malas interpretaciones. Al principio, a algunos se les podría dificultar. Durante ese período inicial, sea un dador de gracia. Trate de darles lo que les hace falta, no lo que se merecen, y aplauda cualquier progreso que realicen. Las personas hacen aquello por lo que reciban elogios.

7. Libérelos para que continúen por su cuenta

No importa a quién trate de facultar: sus empleados, hijos, colegas, o cónyuge; su meta definitiva debe ser soltarlos para que tomen buenas decisiones y alcancen el éxito por su cuenta. Eso significa darles tanta libertad como sea posible tan pronto como estén listos para ella.

El presidente Abraham Lincoln era un maestro impulsando y facultando a sus líderes. Por ejemplo, cuando nombró al General Ulysses S. Grant como comandante de los ejércitos de la Unión en el 1864, le envió este mensaje: «No le pido ni deseo saber nada de sus planes. Asuma la responsabilidad y actúe, y déjeme saber si necesita ayuda».

Esa es la actitud que uno requiere al facultar. Dé autoridad y responsabilidad, y ofrezca asistencia según haga falta. John y yo tenemos la dicha de haber sido facultados por personas claves en nuestras vidas desde que éramos niños. Es probable que el que más facultó a John haya sido su padre, Melvin Maxwell. Siempre lo animó para que fuera la mejor persona que pudiera, y le dio permiso y poder siempre que pudo. Años después al hablar de ello, Melvin le dijo a John su filosofía: «Jamás te limité conscientemente, siempre y cuando supiera que lo que hacías era moralmente correcto». ¡Esa es una actitud que faculta!

Resultados de impulsar y facultar

Si dirige cualquier tipo de organización, negocio, club, iglesia o familia, aprender a facultar a los demás es una de las cosas más importantes que jamás hará como líder. Hacerlo ofrece ganancias increíbles. No solo ayuda a los individuos logrando que lleguen a ser más confiados, enérgicos, y productivos, sino que también tiene la habilidad de mejorar su vida, darle libertad adicional, y promover el crecimiento y la salud de su organización.

Farzin Madjidi, exoficial de un programa de la ciudad de Los Ángeles, ha expresado sus creencias sobre facultar a otros:

> Nos hacen falta líderes que impulsen y faculten a las personas y puedan crear otros líderes. Ya no basta con que un administrador se asegure de que todo el mundo tenga algo que hacer y esté produciendo. Hoy, todos los empleados deben participar y adueñarse de todo lo que hacen. Para promover esto, es importante que todos tomen decisiones que los afecten más directamente. Así se toman las mejores decisiones. Esa es la esencia de facultar.

En resumidas cuentas, darle autoridad al liderazgo algunas veces es la única ventaja real que una organización tiene sobre otra en nuestra sociedad competitiva.

A medida que impulse y faculte a los demás, notará que mejorarán en la mayoría de los aspectos de su vida. Hacerlo puede liberarlo personalmente de modo que tenga más tiempo para sus cosas importantes, aumentará la efectividad de su organización, elevará su influencia en ellos y, lo mejor de todo, impactará sus vidas de una manera increíblemente positiva.

Puntos para verificar la influencia

Impulse y faculte a las personas

- **Deles a los demás más que solo algo que hacer.** Si dirige un negocio, un departamento, una familia, una iglesia, o cualquier otro tipo de organización, quizás se esté preparando para entregarles algunas responsabilidades a algunos. Antes de comenzar el proceso en forma oficial, planifique con cuidado su estrategia para pasar el bastón usando la siguiente lista:

Describa la tarea: _____

Nombre la persona a quien se la dará: _____

¿Qué conocimiento requiere la tarea? _____

¿Tiene la persona el conocimiento requerido?   Sí ☐ No ☐

¿Qué destrezas requiere la tarea? _____

¿Posee la persona las destrezas necesarias?   Sí ☐ No ☐

¿Es usted un modelo de la manera en la que desea

    que se realice el trabajo?   Sí ☐ No ☐

¿Le ha dado a la persona la autoridad y el permiso

    para que alcance el éxito?   Sí ☐ No ☐

¿Le ha dado su confianza a la persona en público? Sí ☐ No ☐

¿Le ha dado retroalimentación en privado

    a la persona?   Sí ☐ No ☐

¿Ha establecido una fecha para soltar a la persona

    a que continúe por su cuenta?   Sí ☐ No ☐

Repita este proceso con cada tarea que procure delegar hasta que se convierta en algo natural. Aunque el individuo a quien usted impulse y faculte tenga éxito y esté afirmado en sus labores, continúe elogiándolo, animándolo y mostrándole su confianza en público.

10

UNA PERSONA DE INFLUENCIA... APOYA Y REPRODUCE OTRAS PERSONAS DE INFLUENCIA

Al comienzo de esta obra, le contamos sobre algunas personas de influencia, específicamente aquellas que han impactado nuestras vidas. Nuestras vidas han sido llenas con maravillosas personas de influencia. Pero el valor principal que nos añadieron es que no solo nos influenciaron, sino que también nos convirtieron en personas de influencia. En el caso de John, su padre, Melvin Maxwell, es quien más lo ha moldeado y le ha ayudado a convertirse en un excelente líder. Y en el caso de Jim, ese lugar probablemente lo ocupe Rich DeVos. Jim dice:

> Crecí en una familia maravillosa. Tuvimos mucho amor, aunque no había mucho dinero. Los puntos de vista políticos y económicos de mi padre eran bastantes liberales y su

consejo fue que fuera a la universidad y obtuviera un buen empleo. Pero cuando estaba en mis veinte, escuché por primera vez a Rich DeVos, y quedé embelesado. Me presentó todo un nuevo paradigma. Habló acerca de la libre empresa, la dignidad del individuo, los sueños, la libertad y un «capitalismo compasivo». También habló de su fe en Dios, y animó a las personas a vivir con integridad y pasión. Jamás escuché una filosofía que fuera tan razonable como este sencillo mensaje de logros personales. Cambié para siempre.

Hoy, por supuesto, Rich DeVos es uno de los empresarios más influyentes del mundo. Es el fundador y expresidente de Amway; es dueño del equipo de baloncesto Orlando Magic; es presidente de la Fundación Richard y Helen DeVos; y es un hombre muy solicitado para asesorar en materia de negocios a presidentes y otros líderes de influencia. Jim lo admira como líder y mentor, y el paso de los años le han dado el privilegio de llamar a Rich su amigo.

Rich DeVos entiende lo valioso de levantar líderes, personas dispuestas a llegar a ser personas de influencia por derecho propio. En cierta medida, enseñarles a otros a convertirse en líderes es como entregar el bastón en una carrera de relevo. Si usted corre bien pero no puede pasarle el bastón al siguiente corredor, pierden la carrera. Pero si corre bien, recluta, entrena a otros corredores buenos y aprende a entregar el bastón con facilidad, puede ganar. Y en lo que a la influencia se refiere, si puede realizar ese proceso repetidamente, puede multiplicar su influencia de manera increíble.

El poder de la multiplicación

En el trabajo con personas que hemos hecho ambos, hemos tenido que aprender a entregar el bastón. Jamás habríamos podido alcanzar el éxito de no haberlo hecho. Y ahora queremos entregárselo a usted. Si se ha movido con éxito a través del proceso de la influencia, ha aprendido cómo correr la carrera. Entendió cuán importante es que sea un modelo de integridad. Aprendió a motivar a las personas cuidándolas, teniendo fe en ellas, escuchándolas y entendiéndolas. Comprendió que las personas realmente crecen solo cuando usted las dirige. Hay que desarrollarlas, guiarlas a través de las dificultades de la vida, conectarse con ellas y facultarlas. Ahora mismo, está corriendo una buena carrera. Y si ha sido mentor de otros, entonces ahora también los tendrá corriendo. Pero es tiempo de pasar el bastón, y si no se lo pone en las manos, se acaba la carrera. No tendrán razón alguna para seguir corriendo y el impulso morirá con ellos.

Por eso es que la fase reproductiva, al convertirse en una persona de influencia, es tan significativa. Considere algunos de los beneficios de crear líderes en su organización que puedan no solo seguirle sino también influir en otros y levantarlos:

- **Reproducir líderes eleva su influencia a un nuevo nivel.** Cuando usted influencia a personas que no pueden o no quieren ejercer influencia en otros, usted limita su propia influencia. Pero cuando influencia a líderes, indirectamente usted influenciará a todas las personas a las que ellos influencian. El efecto es multiplicador. (Esta idea se trata con mayor profundidad en el libro de John, *Desarrolle los líderes que están alrededor de usted*.) Mientras mayor sea su influencia, mayor será la cantidad de personas que pueda ayudar.

- **Reproducir líderes aumenta el potencial personal de los nuevos líderes.** Siempre que ayuda a otros a convertirse en mejores líderes, usted eleva el estándar de su potencial. El liderazgo es la tapa en la habilidad de la persona para ejecutar e influenciar. Un individuo actuando en forma independiente, sin practicar el liderazgo, puede llegar solo hasta cierto punto, en lo personal y lo profesional. Pero tan pronto las personas entienden el liderazgo y comienzan a practicar sus principios, le quitan la tapa al potencial personal. Y si dirigen a personas que lideran a otras, el potencial de lo que pueden alcanzar es casi infinito.

- **Reproducir líderes multiplica los recursos.** A medida que desarrolle líderes, hallará que sus recursos aumentan de valor. Tendrá más tiempo porque puede compartir la carga y delegar más a menudo la autoridad. A medida que los integrantes de su equipo aprendan a liderar, llegarán a ser más sabios y más valiosos como consejeros, y el ingrediente adicional es que recibe la lealtad personal de casi todos los que levante.

- **Reproducir líderes asegura un futuro positivo para su organización.** G. Alan Bernard, presidente de Mid-Park, Inc., colocó en perspectiva el asunto de levantar líderes: «Un buen líder siempre tendrá a su alrededor a los que lo superan en tareas particulares. Esa es la señal del liderazgo. Jamás tema emplear o administrar a personas que lo superen en ciertas labores. Ellos solo pueden fortalecer su organización». Cuando desarrolla líderes, eso no fortalece únicamente a la organización, sino que le provee un futuro sólido. Si solamente un par de personas en la organización pueden dirigirla, no podrá florecer cuando se jubilen o algo les suceda. Es posible que ni siquiera pueda sobrevivir.

Ser mentor de otras personas y desarrollar su potencial para el liderazgo realmente puede marcar una enorme diferencia para su organización, para su gente y para usted.

Despierte el reproductor que tiene dentro

Todo el mundo tiene el potencial de multiplicar la influencia desarrollando y reproduciendo líderes. Para despertar al reproductor que tiene por dentro, incorpore los siguientes principios a su vida:

LIDÉRESE BIEN

Dirigir a otros comienza liderándose bien usted mismo. No puede reproducir lo que no tiene. Como dijo Truett Cathy, empresario y fundador de la cadena Chick-fil-A: «La principal razón del fracaso de los líderes es su incapacidad de dirigirse a sí mismos».

Si todavía no se ha unido a un programa para crecimiento y desarrollo del liderazgo, comience hoy. Escuche lecciones grabadas y *podcasts*. Asista a conferencias. Lea libros informativos. (El libro de John, *Desarrolle el líder que está en usted,* es una excelente cartilla para el desarrollo del liderazgo.) Si convierte su crecimiento personal en una meta semanal y una disciplina diaria, podrá convertirse en reproductor de líderes.

BUSQUE CONTINUAMENTE LÍDERES EN POTENCIA

Lou Holtz, exentrenador de fútbol americano en Notre Dame, comentó sobre un asunto que conocía bien: «Se requieren buenos atletas para ganar, no importa quién sea el entrenador». Lo mismo es válido con su vida personal y profesional. Necesita buenas personas con potencial de liderazgo si va a reproducir líderes.

Se ha dicho que «cuando el estudiante está listo, el maestro aparece», pero también es cierto que cuando el maestro está listo, el estudiante aparece. Si continúa desarrollándose como líder, pronto estará listo para desarrollar a otros, y si desea ser un gran reproductor de líderes, necesita buscar y reclutar a las mejores personas posibles.

PONGA AL EQUIPO PRIMERO

Los que se distinguen desarrollando líderes piensan en el bienestar del equipo antes que en el de ellos mismos. J.

Carla Northcutt declaró: «La meta de muchos líderes es hacer que las personas piensen bien de ellos. La meta de un gran líder es ayudar a las personas a pensar mejor acerca de ellas mismas».

¿Se considera una persona que trabaja bien en equipo? Responda a las siguientes preguntas para ver cuál es su posición en cuanto a la promoción del bienestar del equipo:

SIETE PREGUNTAS PARA UNA ORIENTACIÓN EXITOSA HACIA EL EQUIPO

1. ¿Añado valor a los demás?
2. ¿Añado valor a la organización?
3. ¿Me apresuro a conceder el crédito cuando las cosas salen bien?
4. ¿Nuestro equipo añade nuevos miembros constantemente?
5. ¿Uso mis jugadores del «banco» (las reservas) tanto como puedo?
6. ¿Muchas personas en el equipo toman decisiones importantes constantemente?
7. ¿Es el énfasis de nuestro equipo crear victorias más que producir estrellas?

Si respondió «no» a varias de estas preguntas, es posible que desee reevaluar su actitud hacia el equipo. Se dice que: «El mejor líder es aquel que está dispuesto a desarrollar personas al punto de que al fin y al cabo le superen en conocimiento y habilidad». Esa debe ser su meta al multiplicar su influencia y desarrollar líderes.

Comprométase a desarrollar líderes, no seguidores

Creemos que nuestro país actualmente experimenta una crisis de liderazgo. En una ocasión, vimos un artículo en la revista New Republic que trataba este asunto. En parte decía: «Hace doscientos años, una pequeña república en los márgenes del mundo político produjo de súbito personas como Jefferson, Hamilton, Madison, Adams, y otros. No obstante, la población era solo tres millones de personas. Hoy, tenemos más de trescientos millones. ¿Dónde están las grandes personas? Deberíamos tener sesenta Franklins en el reportaje de portada sobre liderazgo. La búsqueda fue en vano».

Hoy día, producir líderes no es prioridad para muchas personas. Además, desarrollarlos no siempre es fácil ni sencillo, sobre todo para los que son líderes naturales.

Por eso es tan importante que aquel que desea levantar a otros líderes se comprometa con la tarea. Lo dijimos antes y lo repetiremos aquí: todo surge o se desploma por el liderazgo. Al levantar y facultar líderes, usted mismo se impacta positivamente, así como su organización, las personas que desarrolla y toda la gente a quienes ellas tocan. Reproducir líderes es la tarea más importante de cualquier persona de influencia. Si desea impactar, tiene que comprometerse a desarrollar líderes.

Del mantenimiento a la multiplicación

Muchas personas viven a nivel de mantenimiento. Su meta principal es evitar perder terreno más que intentar progresar. No obstante, ese es el nivel más bajo de vida en lo que se refiere al desarrollo de la gente. Si desea impactar, debe esforzarse por convertirse en un multiplicador. Eche un vistazo a las cinco etapas que hay entre el mantenimiento y la multiplicación, comenzando con la más baja:

1. Lucha

Cerca del veinte por ciento de todos los líderes viven en el nivel más bajo del proceso de desarrollo. No hacen nada por desarrollar personas en su organización, y por eso, su promedio de deserción en el personal es altísimo. Parecen incapaces de retener a ninguno de sus empleados. Por eso decimos que están en la etapa de la lucha: se pasan la mayor parte del tiempo luchando por encontrar personas que reemplacen a las que pierden. Es posible que conozca algunos dueños de negocios pequeños que parecen quedarse en este nivel. La moral en su organización se mantiene baja, y no toma mucho tiempo para que terminen exhaustos.

2. Supervivencia

La próxima etapa en la escalera del desarrollo es el estado de supervivencia. En él, los líderes no hacen nada por desarrollar a su gente, pero se las arreglan para mantener a las que tienen. La mitad de los líderes organizativos operan de esta manera. Sus organizaciones son comunes y corrientes, sus empleados están insatisfechos, y nadie desarrolla el potencial del personal. Nadie realmente se beneficia de este método de liderazgo. Todos sobreviven el día a día sin mucha promesa ni esperanza para el futuro.

3. Sifón

Cerca del diez por ciento de los líderes trabaja desarrollando a su gente para convertirles en mejores personas, pero descuidan el desarrollo de sus relaciones con ellas. Por eso, sus líderes potenciales dejan la organización para buscar otras oportunidades. En otras palabras, los extraen por sifón de la organización. Eso muchas veces lleva al líder a la frustración porque otros se benefician de su esfuerzo y deben invertir mucho tiempo en buscar reemplazos.

4. Sinergia

Cuando los líderes construyen relaciones sólidas, desarrollan a las personas para que se conviertan en buenos dirigentes, los facultan para alcanzar su potencial y pueden mantenerlos en la organización, ocurre algo maravilloso. A esto casi siempre se le llama sinergia, lo cual indica que el todo es mayor que la suma de sus partes porque estas se relacionan bien entre sí y crean energía, progreso e impulso. Una organización al nivel de sinergia tiene una moral alta y se siente muy satisfecha con su trabajo. Todo el mundo se beneficia. Solo el diecinueve por ciento de los líderes, aproximadamente, alcanzan este nivel, pero aquellos que lo logran muchas veces son considerados como los mejores.

5. Trascendencia

Muchas personas que alcanzan el nivel de sinergia jamás intentan superarlo ya que no se percatan de que pueden avanzar otro paso en el proceso de desarrollo; es decir, hacia el nivel de la trascendencia. Los líderes a ese nivel desarrollan y reproducen líderes que se quedan en la organización, trabajan para alcanzar su potencial y a su vez desarrollan otros líderes. Ahí es donde la influencia realmente se multiplica. Cerca del uno por ciento de los líderes llega a este nivel; y quienes lo hacen pueden conectarse con un potencial de crecimiento e influencia casi ilimitado. Un puñado de líderes operando continuamente a nivel de trascendencia pueden impactar al mundo.

CÓMO LEVANTAR LÍDERES QUE REPRODUZCAN OTROS LÍDERES

En un artículo publicado en la revista Harvard Business Review, el autor, Joseph Bailey, investigó lo que hacía falta para convertirse en un ejecutivo exitoso. En el proceso de investigación, entrevistó a más de treinta ejecutivos importantes y descubrió que cada uno de ellos aprendió directamente de un mentor.[1] Si quiere levantar líderes que reproduzcan otros líderes, necesita guiarlos como su mentor.

Dicen que en las salas de emergencia hospitalarias, las enfermeras tienen un dicho: «Observa una, haz una, enseña una». Se refiere a la necesidad de aprender una técnica rápidamente, involucrarse en ella probándola con un paciente, y luego voltearse y enseñársela a otra enfermera. El proceso de convertirse en mentor para desarrollar líderes opera de la misma manera. Ocurre cuando uno funge como mentor de líderes potenciales, los desarrolla, los faculta, les comunica cómo llegar a ser personas de influencia, y luego los suelta para que salgan y desarrollen a otros líderes. Cada vez que haga eso, plantará las semillas para mayores éxitos.

Ahora ya sabe lo que necesita para llegar a ser una persona de influencia, para impactar positivamente la vida de otros. Ser una persona de influencia significa...

- ser un modelo de *integridad* con todos los que se encuentre.
- no *dejar de cuidar* a las personas cercanas a usted para que se sientan valoradas.
- mostrar *fe* en otros para que crean en sí mismos.
- lograr *escucharlos* para que pueda edificar su relación con ellos.
- ser un *entendedor* para poder ayudarlos a alcanzar sus sueños.
- elegir *desarrollarlos* para que así puedan aumentar su potencial.
- naturalmente *guiarlos* a través de las dificultades de la vida hasta que puedan hacerlo por su cuenta.
- *conectarse* con ellos para poder llevarlos a un nivel superior.
- *impulsarlos* y *facultarlos* para que se conviertan en la persona para lo cual fueron creados.
- *apoyar* y *reproducir* otros líderes para que su influencia continúe creciendo a través de los demás.

A través de los años, nos hemos esforzado mucho para que este proceso se convirtiera en algo más que una simple lista de principios o un método de trabajo. Hemos procurado hacer de la inversión en la vida de otros una manera de vivir. Y a medida que pasa el tiempo, continuamos laborando para llegar a ser mejores desarrolladores de personas. Nuestra recompensa es ver el impacto que marcamos en las vidas de otras personas.

Amigo, usted puede convertirse en una persona de influencia e impactar la vida de muchas personas. Pero la decisión es suya. Usted puede desarrollar su potencial de influencia o dejar que permanezca sin realizarse. La carrera tiene otro tramo y el bastón está listo. Ahora es su oportunidad. Estire la mano, tome el bastón y termine la carrera que solo usted puede correr. Conviértase en una persona de influencia y cambie su mundo.

APOYE Y REPRODUZCA PERSONAS DE INFLUENCIA

- **Desarrolle su potencial de liderazgo.** La manera de prepararse para enseñar liderazgo a otros es continuar desarrollando su propio potencial. Si no lo ha desarrollado, matricúlese ya en un plan personal para el crecimiento, comience hoy. Seleccione recursos en audio, libros y revistas y repáselos semanalmente durante los próximos tres meses. El crecimiento solo llega si usted lo convierte en hábito.

- **Encuentre personas con potencial para el liderazgo.** A medida que desarrolle y faculte continuamente a las personas que le rodean, surgirán algunos líderes potenciales. Elija al que tenga el mayor potencial y conviértase en su mentor especial, y háblele acerca del desarrollo de destrezas de liderazgo superiores. Proceda solamente si la persona desea desarrollarse y si está de acuerdo en ser un futuro mentor para otros en el área de liderazgo.

- **Enséñele a la persona a ser un líder, no solo a realizar tareas.** Dele total acceso a su persona e invierta mucho tiempo modelando liderazgo. Dedíquele tiempo semanalmente para aumentar su potencial de liderazgo enseñándole, mostrándole recursos, enviándolo a seminarios, y cosas por el estilo. Haga todo lo que pueda para ayudarle a alcanzar su potencial de liderazgo.

- **Multiplique.** Cuando la persona se convierta en un buen líder, ayúdele a seleccionar a alguien para que sea mentor en el área de liderazgo. Suéltelos para que trabajen y encuentre usted un nuevo líder en potencia para que pueda continuar repitiendo el proceso.

RECONOCIMIENTOS

Estas son personas especiales en nuestras vidas cuyo ánimo y asistencia hicieron posible esta obra:

A Margaret Maxwell, cuyo apoyo positivo facilitó que su esposo se convirtiera en una persona de influencia.

A Nancy Dornan, que influencia de manera increíble en su esposo, su familia, y cientos de miles de personas alrededor del mundo.

A Mea Brink, por sus ideas y ayuda en este proyecto.

A Stephanie Wetzel, por su trabajo editorial.

A Linda Eggers, la mejor asistente que alguien pueda tener.

A Charlie Wetzel, nuestro escritor, por su aporte a este libro.

NOTAS

INTRODUCCIÓN

1. John C. Maxwell, *Los 5 niveles de liderazgo: demostrados pasos para maximizar su potencial* (Nueva York: Center Street, 2011).
2. John C. Maxwell, *Desarrolle el líder que está en usted* (Nashville: Grupo Nelson, 1996), pp. 18–26.
3. Brad Herzog, *The Sports 100: The One Hundred Most Important People in American Sports History* (Nueva York: MacMillan, 1995), p. 7.

CAPÍTULO 1

1. Stephen R. Covey, *Los 7 hábitos de la gente altamente efectiva* (Barcelona: Paidós Ibérica, 1996).
2. Proverbios 22.1.
3. Donald T. Phillips, *Lincoln on Leadership: Executive Strategies for Tough Times* (Nueva York: Warner Books, 1992), pp. 66–67 [*Lincoln y el liderazgo: estrategias ejecutivas para tiempos difíciles* (Barcelona: Deusto, DL, 1993)].
4. Bill Kynes, «A Hope that Will Not Disappoint», citado en *Best Sermons II* (Nueva York: Harper and Row, 1989), p. 301.

CAPÍTULO 2

1. Everett Shostrom, *Man, the Manipulator: the Inner Journey from Manipulation to Actualization* (Nueva York: Bantam, 1968). [*El manipulador: un proceso*

interno de la manipulación a la actualización (México, D.F.: IDH: Unicornio Edit., 1982)].

2. *Bits and Pieces.*

3. Jack Canfield y Mark Victor Hansen, «All the Good Things», en *Chicken Soup for the Soul* (Deerfield Beach, FL: Health Communications, 1993), pp. 126–28 [*Sopa de pollo para el alma* (HCI Español, 1995)].

4. Arthur Gordon, «The Gift of Caring», en *A Touch of Wonder* (Nueva York: Jove, 1986).

5. Greg Asimakoupoulos, «Icons Every Pastor Needs», *Leadership*, otoño 1993, p. 109.

6. Dennis y Barbara Rainey, *Building Your Mate's Self-Esteem* (Nashville: Thomas Nelson, 1993) [*Reconstruyendo la autoestima de tu pareja* (Barcelona: Clie, 2004)].

Capítulo 3

1. 1 Samuel 17.32–37.

Capítulo 4

1. Citado por Fred Barnes en *New Republic*.

2. David Grimes, *Herald-Tribune*, Sarasota, Florida.

3. Brian Adams, *Sales Cybernetics* (Wilshire Book Company, 1985), p. 110.

4. Eric Allenbaugh, *Wake-up Calls* (Austin, TX: Discovery Publications, 1992), p. 200 [*Despertar a la vida* (México, D.F.: Selector, 1995)].

Capítulo 5

1. M. Michael Markowich, *Management Review*, citado en *Behavioral Sciences Newsletter*.

2. Art Mortell, «How to Master the Inner Game of Selling», vol. 10, no. 7.

3. Kent M. Keith, *The Silent Revolution: Dynamic Leadership in the Student Council* (Cambridge, MA: Harvard Student Agencies, 1968).

4. Eclesiastés 4.9–12.

5. Robert Schuller, editor, *Life Changers* (Old Tappan, NJ: Revell, 1981).

Capítulo 6

1. Citado en Og Mandino, *The Return of the Ragpicker* (Nueva York: Bantam, 1992), p. 72 [*El regreso del trapero* (México: Diana, 1992)].

Capítulo 7

1. Citado en un anuncio, *Esquire*.

2. Mortimer R. Feinberg, *Effective Psychology for Managers* (Englewood Cliffs, NJ: Prentice Books, 1975) [*Psicología efectiva para directores y jefes* (Barcelona: Editorial Hispano Europea, 1975)].

3. «The Top Ten Problems and Needs of Americans», *Ministry Currents*, enero–marzo 1994.

4. Tim Hansel, *Holy Sweat* (Waco, TX: Word, 1987), p. 134.

5. Ernie J. Zelinski, *The Joy of Not Knowing It All* (Edmonton, Alberta, Canada: Visions International Publishing, 1995), p. 114.

6. David Armstrong, *Managing by Storying Around*, citado en *The Competitive Advantage*.

CAPÍTULO 8

1. Tom Peters y Nancy Austin, *A Passion for Excellence: the Leadership Difference* (Nueva York: Random House, 1985).

2. Charles B. Ruth, *The Handbook of Selling* (Nueva York: Prentice-Hall, 1947).

3. Florence Littauer, *Personality Plus* (Grand Rapids: Revell, 1983), pp. 24–81 [*Enriquezca su personalidad* (Miami: Unilit, 1993)].

4. Carl Sandburg, *Abraham Lincoln: The Prairie Years* (Nueva York: Harcourt, Brace & Company, 1926).

CAPÍTULO 9

1. *The Nordstrom Way*, pp. 15–16.

CAPÍTULO 10

1. Joseph Bailey, «Clues for Success in the President's Job», *Harvard Business Review*, edición especial, 1983.

ACERCA DE LOS AUTORES

John C. Maxwell es un experto en liderazgo reconocido a nivel internacional, orador y autor que ha vendido más de veintiún millones de libros. El doctor Maxwell es el fundador de EQUIP y de John Maxwell Company, organizaciones que han capacitado a más de cinco millones de líderes en 153 países. Anualmente habla a compañías de la lista Fortune 500, a líderes gubernamentales a nivel internacional y a otras organizaciones, tales como: la Academia Militar de Estados Unidos en West Point, la Liga Nacional de Fútbol Americano y los embajadores a las Naciones Unidas. Un autor de gran éxito de ventas de *New York Times, Wall Street Journal* y *Business Week*. Tres de sus libros, *Las 21 leyes irrefutables del liderazgo, Desarrolle el líder que está en usted* y *Las 21 cualidades indispensables de un líder* han vendido cada uno más de un millón de ejemplares en inglés. Puede leer su blog en JohnMaxwellOnLeadership.com, seguirlo en Twitter.com/JohnCMaxwell, y aprender más sobre él en JohnMaxwell.com.

Jim Dornan se graduó de Purdue University con un grado en ingeniería aeronáutica. Poco después de haber aceptado una posición en una importante firma aeronáutica en California, a Jim y a su esposa Nancy les ofrecieron una oportunidad de negocio presentada por Amway Corporation. Hoy día, cuarenta años más tarde, Jim es uno de los empresarios más exitosos a nivel global en el negocio de Amway. Es además el fundador de Network TwentyOne International, un estándar en la industria internacional Amway, orientado a entrenamiento y apoyo de líderes. Además, Jim y Nancy son fundadores de Network for Caring, una organización benéfica que recauda millones de dólares cada año para ayudar a las personas más necesitadas en todo el mundo. Es autor de cinco libros, conferencista y mentor para cientos de miles de personas en cada continente del mundo. Ha ganado muchos premios por sus logros empresariales y sus esfuerzos caritativos. Jum y Nancy viven en Sarasota, Florida; tienen tres hijos y tres nietos.